PNL PARA PRINCIPIANTES

CLAVES PARA PERSUADIR, INFLUIR Y
ALCANZAR TU SUPERACIÓN PERSONAL

ZAID ASHER

INDICE

Introducción

¿Has oído hablar de la PNL? Si no la conoces por las siglas, entonces por su nombre y apellido: Programación Neurolingüística.

La PNL podría catalogarse como un arte, pero también es la técnica de la excelencia personal. Cada uno le da un toque personal a lo que hace. Y cuando digo que es una técnica y un arte es porque se trabaja un proceso para poder descubrir los modelos empleados en cada uno de los individuos que sobresalen en determinada área. De esta manera obtienen los resultados sobresalientes. Es un proceso que modela y los modelos y las habilidades se van descubriendo en un campo cada vez mayor, porque hoy en día el uso de la PNL se aplica a todos los campos de la vida.

Para negocios, asesorías, familia, parejas, trabajos, estudios, para todo aplica la PNL y es así como puede conseguirse una comunicación más efectiva y se acelera el aprendizaje.

Antes que de entres en estas páginas quiero que sepas que cada uno de nosotros vive una realidad única, que se construye de acuerdo a las impresiones propias y las experiencias sensibles e individuales de la vida. Actúas de acuerdo a lo que percibes en tu modelo del mundo.

En la parte lingüística de este título se indica que usamos el lenguaje para ordenar nuestros pensamientos y la conducta para que nos comuniquemos con los demás y escojamos las ideas y acciones que lleven a producir los resultados.

Antes de entrar en materia, es importante que sepas que la PNL es una habilidad práctica que crea los resultados que nosotros queremos en el mundo, y en el proceso le vamos dando otros valores a lo que emprendemos.

Si no comprendes mucho lo que te voy contando no te preocupes, en el desarrollo de las páginas que vienen voy a llevarte de la mano por todo el mundo de la PNL, hablando de su historia, de cómo surgió y quiénes fueron los responsables de esto. La forma como comenzó a ser parte de nuestra sociedad y se fue implementando, los principios fundamentales de ella, los que forman parte de los pilares de toda la corriente.

En cada parte del libro conseguirás ejercicios prácticos que puedes poner en práctica para que a medida que avances en cada página, también comiences a comprender mejor todo lo que es la programación neurolingüística.

En este primer libro te guío en el proceso para que comiences a conocer la programación neurolingüística, un texto que preparé para aquellos que no conocen nada del tema, pero escrito en un lenguaje donde terminarás comprendiendo a fondo todo lo que tiene para ti.

¿Sabes qué es el Rapport? Te aseguro que en muchas ocasiones lo has utilizado desde alguno de los bandos, si quieres saber de qué hablo te invito a pasar, a conocer este inmenso mundo de la PNL.

Capítulo 1. Descubre la historia de la PNL y sus fundamentos básicos

Todos los días hacemos uso de la comunicación, es algo inherente a nosotros. La técnica del reflejo es el instrumento más importante dentro de la Programación Neurolingüística.

Todos los días nos comunicamos, todo el tiempo, con los demás, con nosotros, y aunque comunicarnos es algo tan natural a veces nos cuesta tener contacto con otros.

De manera que, todos los días nos comunicamos y también nos confrontamos de buena o mala manera con los demás, es parte de la comunicación cotidiana.

La programación neurolingüística nos sirve como una ayuda para una serie de modelos y técnicas que practicamos, es así como por medio de ella se logra tener una comunicación efectiva y veraz con los demás. Pero para llegar a eso es importante que conozcas de dónde viene esto de la PNL y comprendas un poco sus fundamentos, al menos en este primer capítulo, porque mi meta es que al finalizar tengas un conocimiento pleno de lo que es la programación neurolingüística.

Lo primero que quiero que conozcas es que esta nace por parte de un par de hombres, cada uno un experto en su área. Por un lado, está Richard Bandler, quien era un estudiante universitario cuando comenzó lo que sería hoy la PNL. Estudiaba matemáticas y hacía capacitación en psicología. Grinder, quien es el otro genio en esta historia, ya era profesor y trabajaba dictando clases de lingüística en la misma universidad donde estudiaba Richard.

Por esa época, para ganarse el pan ambos trabajaban a tiempo parcial en la editorial *Science and Behaviour Books.*

Fue entonces cuando se interesaron por el trabajo de las sesiones de Fritz Perls, quien había creado la terapia Gestalt. Este hombre había fallecido en 1970.

La razón de este interés fue que Bandler, quien estaba encargado de analizar y ordenar unos videos de Perls trabajando, vio todo este material y sintió atracción, todo esto más adelante llevó a que se publicara un libro póstumo de Perls llamado: *Gestalt Approach.*

La fascinación de Bandler por el trabajo de Perls era increíble. Seguía cada una de sus palabras atento hasta los pequeños detalles de lo que decía. Aprendió a hacer terapia de esa misma manera, viendo los vídeos y haciendo conocimiento de manera constante.

Bandler comenzó a poseer nuevas capacidades adquiridas a partir del aprendizaje del trabajo de Perls, pero no sabía cómo podía administrar todo este cumulo informativo de una manera eficaz.

Es en ese momento cuando toca la puerta de Grinder y le pide apoyo, entonces buscan racionalizar esto a fin de que las estrategias pudieran estar bien organizadas y clasificadas.

De este modo podían servirse de ellas de manera eficaz para cuando las necesitaran y en ese proceso fue naciendo poco a poco lo que conocemos como PNL.

Bandler tenía como misión entender cómo y por qué se había capacitado en estos temas. Aunque él no tenía el conocimiento de psicología necesario, trabajó para ir poco a poco aplicando la forma terapéutica de Perls, este se dio cuenta que comenzaba a obtener resultados que eran similares y además muy buenos.

Como John Grinder era un experto en el lenguaje, decidido a ayudarlo, estaba emprendiendo el proceso de trabajar en un modelo que los convertiría en pilares en su área de trabajo.

Es por eso que hoy en día Richard Bandler y John Grinder se consideran los fundadores de la programación neurolingüística.

La PNL no solo es un conjunto de técnicas que se siguen como una receta médica, sino que es una actitud mental de apertura y curiosidad que parte desde observar a las personas y tomar como esponja todo lo que en ellas funciona bien y aplicarlo a nosotros.

Las técnicas y las maneras estratégicas que se aplican logran mejores resultados en alguna actividad puntual. Es la función de querer experimentar y de querer tener más opciones para lograr unos resultados mejores. El primer paso que se propone con la PNL es que se acerquen a ella.

Si te tomas un momento para ver las comunicaciones y los terapeutas, así como a los grandes líderes, y los analizas con un poco de detalle verás que la base de esto da comienzo a la PNL, una corriente que, aunque nació en los años setenta, está en pleno auge en este momento.

Este primer capítulo es exploratorio, quiero que conozcas de manera general, pero profunda, todo aquello que se entiende y se encierra dentro de la PNL y no puedo dejar pasar la breve biografía de cada uno de los fundadores.

¿Quién es Richard Wayne Bandler?

Este hombre nació el 24 de febrero de 1950. Es cofundador de la PNL. Estudió Psicología y Filosofía en Santa Cruz, la Universidad de California.

A lo largo de sus estudios universitarios trabajó para el doctor Robert Spitzer, propietario de la editorial *Science and Behaviour Books*. Fue allí donde conectó con esta información que lo llevó a llegar a la programación neurolingüística. En esos momentos trascendentales de su vida, su jefe le pidió que transcribiera los seminarios de la terapeuta Virginia Satir. De allí pasó a Fritz Perls. Al final Bandler salió hablando y siendo como era Fritz. Así de intensa era su admiración.

Estando en Santa Cruz, Bandler pasó por varias etapas, antes de convertirse en estudiante y luego de estudiante, aprendió y experimentó en los campos de la terapia y la psicología. Fundó y presidió un grupo donde trabajó con el método Gestalt. Estando allí fue donde conoció a Frank Pucelik, otro de los fundadores, quien era veterano de la guerra de Vietnam. Tenía estudios de psicología y en ese momento estudiaba en la Universidad de California, estuvo activo en la enseñanza de los grupos de Gestalt, durante ese tiempo, luego de conocerse, decidieron comenzar a colaborar entre ellos para dirigir dos grupos. Luego de unos meses Bandler agregó a John, quien era profesor de la misma, como ya he mencionado anteriormente. Es entonces cuando los tres comienzan a investigar y a invertir tiempo para sacar los primeros trabajos que luego serían PNL y que al principio se llamaba Meta. Grinder estaba admirado por el trabajo que llevaban Richard y Pucelik, para absorber los resultados de la producción.

Este era un campo donde Grinder no sabía nada. Usó la lingüística para empezar a formalizar lo que Bandler y Pucelik lograron por instinto.

Fue también por esos tiempos que estos tres hombres vivían en una comunidad en Alba Road, cerca del antropólogo Gregory Bateson, quien era una gran inspiración para los tres, a través de las intuiciones y el conocimiento y los contactos, y fue por medio de él que Grinder y Bandler conocieron a Milton Erickson, uno de los mejores terapeutas de esa época, dando forma a su trabajo por un largo tiempo.

Este trabajo modelado fue el que les dio paso a los primeros esquemas de la PNL y se comenzó a desarrollar lo que más adelante sería la disciplina de PNL.

Los tres hombres trabajaron junto hasta el año 1977. Bandler y Grinder escribieron *The Structure of Magic I and II* esto en el año 1977.

También publicaron *Patterns of the Hypnotic Techniques de Milton H. Erickson* en el año 1977 y *Changing With Families* un año antes junto con Virginia Satir.

De igual forma, es importante puntualizar y recordar que trabajaron para el desarrollo de la disciplina conocida como programación neurolingüística, dando forma a experiencias con numerosas personas y experimentando con grupos de estudio.

Luego de una colaboración de ocho años, a principios de la década de los 80, Grinder y Bandler se fueron por caminos distintos. Uno se desarrolló en el Nuevo Código de PNL y dejó los seminarios y cursos por un largo tiempo. Se puso a trabajar como entrenador personal o empresarial. El otro comenzó un proyecto que bautizó *Design Human Engineering,* luego comenzó otro llamado *Neuro Hypnotic-Repatternin,* estos con técnicas que se basaban en una intervención fuerte por parte del entrenador y en estados donde se alteraba profundamente la consciencia por parte del entrenador.

Para el año 96 hubo una querella donde se intentó reclamar la autoría de la PNL, pero en el 2000 se dictaminó que Bandler y Grinder firmando un acuerdo de solución se reconocieran mutuamente como los creadores de la disciplina.

John Grinder

John Grinder se graduó en Filosofía en la Universidad de San Francisco a inicios de los sesenta. Estuvo en las Fuerzas Armadas donde sirvió como boina verde en el territorio europeo durante la Guerra Fría.

Con su talento para aprender lenguas trabajó en parte de la inteligencia estadounidense y cuando volvió a la universidad en esa misma década, estudió Lingüística y sacó un doctorado por la Universidad de California. Grinder se destacó como lingüista en el área de sintaxis y apoyó teorías de gramática generativa, las mismas de Noam Chomsky. Luego de haberlo estudiado con el fundador de la escuela cognitiva George Miller, en la universidad de Rockefeller, fue invitado para dar clases de Lingüística. Para aquel tiempo la Universidad de California estaba recién fundada. Grinder estuvo en el Campus de Santa Cruz y en su obra lingüística figuran títulos como *Guía gramática generativa*, con la autoría de Suzette Elgin, Holt, Rinehart y Winston. Así como *El fenómeno de supresión*. Publicado en el 76.

Contar la parte en la que junto a Richard estuvo en el proceso sería repetitivo, sin embargo, sí puedo contarte que durante los siguientes siete años Grinder y Bandler lograron obtener un modelo de los patrones cognitivos hallados en los terapeutas y lo que le dio a conocer las obras *La estructura de la magia* en sus dos volúmenes y patrones de las técnicas hipnóticas de Milton H. Erickson también en dos volúmenes y también *Cambios en la familia*. Obras base en la programación neurolingüística.

De grinder te puedo decir que es coautor de una amplia serie de libros sobre PNL y las aplicaciones, dentro de estas puedo nombrarte:

De sapos a príncipes publicado en el año 79; PNL *Volumen I* que salió en 1980; *Trance formaciones*, un año después; *Reencuadre* en el 82; *Modelo de Precisión* ese mismo año y *Tortugas a todo lo largo del camino* en el año 1987.

Posee la habilidad para poder identificar complejos patrones de lenguaje y de los comportamientos. Grinder tiene reconocimiento en su fuerte personalidad y poder de presentador e instructor.

Trabaja llevando la consultoría a personas y empresas.

PNL ¿Qué quieren decir esas siglas?

En el camino recorrido ya te llevado de la mano respecto a lo que es PNL, querido amigo lector o escucha. PNL es el acrónimo de Programación Neurolingüística. En inglés es Neuro- Linguistic Programming (NLP).

El término se creó en los años 70 cuando los hombres ya citados comenzaron este trabajo en equipo que los llevaría a ser los padres de la PNL.

Ahora bien, no podemos dejar por fuera los aportes de Virginia Satir, quien es psicoterapeuta, muy conocida por sus aportes a la Terapia Sistémica Familiar.

También están los aportes de Milton Erickson, quien es pionero en la hipnosis aplicada en las terapias.

Toda esta repercusión fue influida por la coincidencia del llamado Movimiento del potencial humano, que partía de la idea de que las personas tenemos un potencial inmenso para lograr lo que queremos, pero que lo hemos desaprovechado por muchísimas razones externas y por nosotros mismos.

Principios fundamentales de la PNL

Según los propios creadores la PNL se basa en estos principios:

- Elaboramos con frecuencia mapas mentales de nuestra realidad.
- Cuando hablamos de mapa no nos referimos a territorio.
- El territorio no es el que limita a las personas sino a los recursos que se reflejan en los mapas mentales.
- No hay fracasos ni errores, solo resultados.
- El comportamiento es una cosa, la identidad otra.
- Cada persona tiene un comportamiento de la manera posible en su entorno, lo que tiene alrededor y escoge la opción más adecuada entre las que tiene a mano dentro del repertorio de conductas.
- Se puede considerar que cada uno de nosotros se compone por muchas partes.
- La comunicación es la actividad por excelencia de los humanos, es imposible no comunicarte.
- La comunicación se da a través de canales conscientes e inconscientes.
- El sentido de la comunicación es la respuesta que se obtiene de los demás con quienes interactuamos.

   A estos ya nombrados te puedo añadir:

- Cuando una persona puede hacer algo, la otra persona lo puede hacer.
- El cuerpo y la mente son parte del mismo sistema.
- Las personas están dotadas de todos los recursos que necesitan.
- Cuando quieres hacer que las cosas funcionen solo tienes que hacer otra cosa.

- Cuando se aprende algo nuevo se muestra una tendencia fuerte a convertirse en algo que ya conocemos.

Conceptos que se deben manejar en la PNL

Es importante que conozcas cuáles son los conceptos básicos que se manejan constantemente en el estudio y comprensión de la PNL y sus principios. Por eso te los presentaré a continuación. Los más destacados son estos:

Comunicación

El resultado de nuestra comunicación no es la intención que tenemos al decirlo sino la respuesta que se produce en el receptor.

Mapa mental

Es un modo de representación el mundo, donde el mapa no es el territorio.

Los pensamientos

Están los pensamientos negativos que nos predisponen a resultados negativos. Lo que se enlaza con el Efecto Pigmalión y la Profecía Autocumplida.

Estados internos

La PNL parte de que las conductas se producen por emociones y las emociones se disparan en estados internos. Esto modifica los estados en que sean fáciles de controlar en las conductas que intentas modificar directamente con las emociones.

Rapport

Imita el lenguaje inconsciente de esa persona para generar sintonía y que esa persona se sienta en concordancia con nosotros. Esto ocurre de manera espontánea cuando dos personas se caen bien

Metalenguaje

El modo en el que usamos el lenguaje deforma la realidad.

Calibración

El modo como la PNL se mira e interpreta el lenguaje corporal.

Sistema representacional

Es el uso que le damos a los canales sensoriales y que condiciona nuestra comunicación. Para comunicarnos con otros se pueden intentar usar los mismos canales.

Liderazgo

Cuando dos personas se juntan nace la posibilidad del liderazgo.

Fracaso

El fracaso no existe, solo son resultados distintos a lo que se esperaba. El fracaso es una emoción interpretada por nosotros.

Hipnosis Ericksoniana

Ésta más que una hipnosis es, según los creadores de la PNL, un modo diferente de comunicarse.

Lo que se supone que hacemos sabiendo PNL

Cuando te animas a estudiar y practicar la PNL surgen técnicas y herramientas eficaces en los procesos de comunicación, y esto ayuda a favorecer los cambios que forman parte de lo que es usual encontrar en los cursos de PNL dirigido por consultores, coachs, y psicoterapeutas, docentes o líderes.

Naturaleza de las técnicas y herramientas

Para que puedas comprender la PNL tienes que partir de una comparación básica, un análisis, entre una persona y una computadora, de la que se pueden extraer las siguientes conclusiones:

- El modo como actuamos se debe a que tenemos una programación de determinado modo.
- Si queremos cambiar debemos borrar la anterior programación y colocar una nueva.
- Reprogramarnos por las vías de entrada del cuerpo y el lenguaje.
- Esto conlleva cambios neurológicos.
- Los cambios se traducen en nuevos comportamientos.

Es allí donde aparece el nombre que calza al dedillo de programación neurolingüística.

A consecuencia de esto, las técnicas y herramientas que se relacionan con la PNL hablan del modo como se pueden usar en el cuerpo, y en el lenguaje, para borrar programaciones anteriores y poner las nuevas que irán más en sintonía a los propósitos.

Ejemplos de técnicas y herramientas

La primera de las herramientas es lo que se conoce en PNL como los anclajes:

Anclajes

La PNL define como anclaje a la asociación automática de un estímulo y una respuesta emocional.

Los anclajes son positivos o negativos, en función de lo que supone para la vida. Un ejemplo de anclaje es asociar una canción con el bienestar y así poderla usar para contrarrestar el bajo estado de ánimo.

Un ejemplo de anclaje negativo aparece en la película *Regreso al futuro* cuando alguien llama *gallina* al protagonista y este se llena de valentía e ira y busca asumir cualquier riesgo con tal de demostrar que no es una *gallina*.

Es aquí donde se puede ser:

- Voluntario, o sea creado de manera deliberada.
- Involuntario, que se crea sin pretenderlo.
- Consciente, que lo hace a propósito en su presencia
- Inconsciente, que es cuando no se repara en su presencia.

Mediante la PNL se pueden reconocer anclajes inconscientes que nos influyen y podemos reconocer anclajes que son conscientes e influyen borrando la influencia e instalando unos nuevos.

Por ejemplo, cuando detectamos que nos cuesta madrugar, podemos hacer un anclaje en la mente con un recuerdo que sea positivo, por ejemplo, puedes pensar en esa ocasión en la que por pararte temprano llegaste a tiempo a donde ibas o pudiste desayunar con calma. Cualquier evento que viviste en el momento que te paraste temprano.

Puedes asociar esto con un movimiento, por ejemplo, te tocas la rodilla, un pellizco leve, lo que quieras. Esto crea una memoria que evocarás y de esta manera podrás traer el sentimiento que servirá como reforzador y ayudará a madrugar o hacer lo que quieras.

Rapport

De todas las estrategias de la PNL se puede asegurar que esta es la que tiene más influencia sobre nuestro trabajo.

Te puedo traducir esta palabra como *sintonía* y se basa en observar el lenguaje verbal y el no verbal de quien nos habla, y ajustar el nuestro de acuerdo al no verbal en dicha sintonía.

Lo que podemos poner en sintonía con el otro es:

- El tono de voz.
- La posición del cuerpo.
- Cómo se mueve.
- La respiración
- Los mapas mentales.

Cuando se ha hecho todo esto, se modula el tono de voz para que sea semejante al de la otra persona y se adopte una posición corporal similar a la suya.

Se puede ir dirigiendo la voz, el cuerpo, el movimiento y la respiración, así como la actitud al estado físico y mental que se desea, en este caso es un estado positivo y abierto a la comunicación.

Cuando detectamos una persona que parte de una idea destacada en su mapa mental como una preocupación reiterativa o un suceso por el que atravesó se debe partir de él en lugar de luchar con él. Ya desde ahí se va siguiendo.

Inicialmente el interlocutor va a liderar la actitud verbal y corporal y le seguirá, pero cuando está en la misma sintonía entonces se lidera de manera consciente y el interlocutor seguirá de manera inconsciente, si se ha sabido llevar a lo largo del proceso.

El Rapport es para muchos la fase inicial de una buena sesión de coaching.

Hipnosis Ericksoniana

Esta afirma que para que se pueda dar algún cambio se tiene que ver el exterior, que es la fase previa en el interior, por lo que la hipnosis favorece los cambios al permitir una comunicación directa con el inconsciente de la persona.

Luego de observar el modo en el que trabajaba Erickson los autores de la programación neurolingüística tomaron unas conclusiones para que pudieran destinar una metodología estructurada en los comportamientos de Erickson aplicados inconscientemente. De allí sale el llamado *Modelo de Milton*

Este modelo no habla de trances inducidos, sino de técnicas para cambiar los modelos internos partiendo desde el lenguaje, sin tener trances previos ni consentimiento del interlocutor. Esto ya de por sí es algo polémico, pero se emplea en muchos comerciales.

Me voy un poco para el coaching y suelto un instante la PNL. La hipnosis con fines terapéuticos se tiene que aplicar con un especialista ya que tiene sus riesgos. Especialmente cuando se evocan estados mentales delicados o sucesos que tienen trauma.

Cuando se sabe llevar y se eluden los estados de relajación profundos, centrándose en las visualizaciones positivas, se puede llegar a esos momentos felices y relajantes y alcanzar un espacio seguro con intervenciones en el pasado sobre algún incidente mental.

Te lo quiero ejemplificar rápidamente, en el coaching deportivo, es normal que los deportistas se visualicen en los momentos en los que el desempeño en cancha ha sido maravilloso.

De este modo la autoestima trabaja para llegar al estado donde puede servir y sea más sencillo volver a disponer de ellos sí lo necesitan.

La credibilidad en todo esto de la PNL

La PNL no es una ciencia, pero para muchos es una corriente que proviene de muchas fuentes que son científicas, aunque no todas, muchas son interesantes y útiles.

Esto es importante conocerlo para seleccionar lo que nos interesé en nuestro trabajo, especialmente lo que te conté en el Rapport que es de los más utilizados en la PNL y que más adelante en este libro abordaremos con mayor profundidad.

Te aconsejo que sigas leyendo para que conozcas más sobre todo esta profunda corriente que es la PNL.

Para ir cerrando la idea podemos decir que tienes que prepararte constantemente en las herramientas y desarrollar tu propia opinión. Hacerte consciente de dónde proviene cada una de las herramientas.

Ser consciente de la línea entre coaching, terapia, riesgo de estafa y todo el proceso que ayuda a una persona.

No confundas el coaching ontológico con la PNL, aunque esto lo aprenderás a lo largo de este libro.

La PNL es programar la mente a través del lenguaje y el uso de los sentidos, para ser líderes y conseguir metas determinadas. El coaching ontológico trabaja la capacidad de acciones desde la lingüística. Se centra en crear un nuevo modo de entender el mundo. Hay coaching que se relacionan con PNL su labor e incluso algunos que mezclan PNL con hipnosis Eriksoniana.

Capítulo 2. Conoce los componentes de la PNL y cómo aplicarlos a tu vida en todo

La programación neurolingüística como enfoque a nivel comunicacional y en el desarrollo personal y en la psicoterapia tiene una alta importancia, por los diferentes pasos y estrategias para interpretar la realidad que nos rodea.

Quiero que comencemos hablando a nivel de estrategia, que tiene una relación inmensa con la PNL. En términos de PNL una estrategia pone en funcionamiento la sinergia o sistema neurológico, lo que hace que todo el comportamiento esté controlado por estrategias del procesamiento interno o por las secuencias del sistema representacional. Es por ello que se puede definir estrategias como procesos mentales que conducen a una respuesta, está por su parte representa una serie de información a modo de respuesta que va en cadena en cada una de las modalidades sensoriales principales. Hay cuatro modalidades de la representación:

- Auditiva.
- Kinestésica
- Olfativa-gustativa
- Visual.

Todos nosotros tenemos grupos de estrategias que son específicas y utilizamos para poder hacer distintas cosas, es así como tenemos estrategias de comunicación, de relajación y las estrategias para esconder por ejemplo la comida o para motivarnos, y todo esto resulta muy útil y eficiente. Pero en ocasiones es ineficaz. La PNL postula que el éxito de una estrategia reside en el uso de esta a un modo más adecuado en cada situación, no tanto porque esté bien formulada.

La PNL maneja las estrategias que se representan por una secuencia que es lineal, aquí los componentes son un sistema representacional. Se codifica la información y se arma una relación secuencial entre las representaciones por otro lado y la PNL que es el punto más importante en relación a las modificaciones de la conducta. Con una serie de actividades sensoriales que componen conductas y con estructuras características.

Lo que significa esto es el despliegue de unas actividades sensoriales en un orden determinado. Con patrones de conducta que poseen un significado específico, como si se tratara de reglas gramaticales, las palabras se ordenan siguiendo normas que dan sentido a la secuencia de palabras y a una frase.

La PNL denomina estrategia a las secuencias de las actividades sensoriales, ordenadas según reglas.

Forma de obtener las estrategias

La manera más idónea como se obtienen las estrategias es usando un programador neurolingüístico que reúne la información necesaria para constituir la estrategia. Todo lo que recauda a nivel informacional aquí, le permite hacer una secuencia explicita y ordenada de la actividad del sistema representacional que da forma a la estrategia en el lenguaje de la PNL. Se analiza la estrategia individual y la obtiene. Ahora bien, principalmente hay tres formas para lograr la estrategia.

De manera verbal que es a través del metalenguaje o atendiendo a todo aquello que la persona comunica con palabras, haciéndolo de manera espontánea y natural.

Muchas de las estrategias aparecen de manera espontánea durante una conversación con otra persona. Prestar atención, la parte donde el programador está atento y observando, son clave para ahorrar tiempo en el proceso de la obtención de información.

Qué ocurre primero es la pregunta clave. O qué se hace después, o qué sucedió poco antes de sentir eso. Son todas las variables que se deben analizar.

Los movimientos oculares es el segundo punto, para poder acceder a los sistemas representativos que el interlocutor usa en todo momento, nos detenemos en los movimientos oculares, aquí es posible que se observen otras señales para acceder a las reacciones internas como los gestos y los cambios de ritmo respiratorio. Y la postura y el tono muscular.

Por medio de los predicados. Cuando se le pide a la persona que describa los pasos que emplea para llevar a cabo una tarea en la que se requiera de una estrategia en cuestión, se centra en los predicados que emplea.

Las estrategias o parte de las mismas son inconscientes o se hacen en periodos cortos de tiempo, el programador necesita desarrollar cualidades concretas como la habilidad para poder observar cambios en el comportamiento de manera rápida o conseguir procesos más lentos que se puedan seguir con facilidad.

Mientras las personas hablan, explican por medio del lenguaje las modalidades del sistema representacional que emplean para organizar y darle sentido a la experiencia actual.

Las personas que hablan de esta manera, emplean los predicados de sus frases de manera que puedan identificar los pasos específicos de una estrategia individual.

Aquí es donde, por ejemplo, en una entrevista de trabajo, el entrevistado debe desarrollar una habilidad visual para responder a las preguntas del modo en el que podría actuar en su trabajo. *"Vaya, escucho lo que dice a la perfección, lo que me quieres preguntar, cuando me pongo manos a la obra y nada me saca de ahí llueva o truene. Nadie me mueve de aquí"*, la estrategia se identifica de inmediato, su estrategia conductual está basada en la modalidad kinestésica y en ocasiones específicas con los impactos auditivos externos.

Para cada caso es distinto, pero la idea es que se use en los aspectos donde se puede entender y mejorar o reforzar. Esto llevará paso a paso a la irremediable estrategia que se desea alcanzar. Ser emprendedor forma parte de todos estos elementos.

Los elementos que se consideran más claros a la hora de detectar las PNL los irás comprendiendo en el camino de este libro.

La programación neurolingüística es una herramienta increíble para el aprendizaje humano, así como cualquier herramienta que sea válida, te diré que lo primero que debemos hacer es cuestionar todo, para no quedarnos con las creencias básicas, de esa forma evitamos el riesgo de caer en confusiones, o terminar siendo personas que creemos de todo y no tenemos criterio.

Los creadores de la PNL buscan ayudar en la repetición de los comportamientos exitosos y en cambiar los modelos de conducta mental y emocional que no son exitosos.

Tanto el cuerpo como la mente se conectan por lo que, si buscas deprimirte y tienes la postura con el pecho erguido la cabeza levantada y la respiración firme, te será difícil.

Este tema es muy amplio, pero te voy a enseñar unos elementos que son clave y debes saber cómo ponerlos en marcha para apoyarte así en la PNL. Todos son elementos vitales dentro de la programación.

La diferencia del éxito y el fracaso no es lo que sabes sino el conjunto de acciones que ejecutas durante el proceso, si lees libros de cómo aprender a andar en bicicleta, te tienes que montar en ella y comenzar a cogerle equilibrio.

Debes comunicarte constantemente contigo, y tomar acción para así obtener tus logros, creando estrategias, no solo quedándote contemplando a los que logran lo que quieren o a los que tienen éxito. Debes cuidarte de eso que te comunicas a ti mismo, tener cuidado con lo que te dices, aplicar lo que sabes que funciona.

El sistema de creencias es otro de los puntos a considerar, son las cosas que crees y las que no. Ten en cuenta, de igual forma, la sintaxis mental, que es responsable de la forma en la que te organizas en los pensamientos, también recuerda siempre hacerte consciente de cómo te comunicas contigo y con tu fisiología, tener en cuenta de igual forma la comunicación entre la mente y el cuerpo. Recuerda que todo lo que piensas y dices tiene una gran influencia en cómo te va en la vida. Tienes que aprender a cuidar en qué crees y conocer cómo piensas, lo que significan las cosas para ti y para los demás y dominar los recursos corporales en la postura y la respiración.

Tienes el poder, porque eres esa persona que ha logrado alcanzar cosas y aunque en muchas oportunidades has fallado, encaminas los recursos para que accedas a esos estados mentales que te generan resultados. Aprendes a buscar el estado de confianza, de amor, de paz, de fe y éxtasis, de generosidad y alegría, lo que te ha llevado a conseguir buenos resultados.

Deja las limitaciones, rompe las cadenas, para ello comienza por la mente, porque es donde abundan. Recuerda que las herramientas más poderosas serán inútiles cuando no sabes qué hacer con ellas. Cuando sepas qué quieres lograr y para qué, en ese momento serás dueño de las situaciones.

Llénate de energía para actuar. Aprende a conseguir una actitud activa y dejar de lado la pereza, la depresión y el cansancio. Eso no es un estado de poder, si recuerdas que el cuerpo y la mente se conectan, entonces preocúpate por meterle al cuerpo con un buen combustible y mantener una alimentación sana. Haz que el cuerpo sea una herramienta de logro y no un estorbo más para ti. Eso está en tus manos.

La PNL no se detiene en el *por qué* sino en el *cómo* porque nosotros somos de preguntar las razones.

Es un enfoque sistémico que modifica los elementos de actitud, pensamiento, valor y emociones. No olvides que para tener éxito tienes que aprender a fracasar y aprender de esas situaciones.

Contraprogramación

Si eres una persona con miedo de hablar con extraños, o que te caracterizas por ser muy duro contigo mismo, hasta el punto de quedarte paralizado por no saber cómo actuar mejor, si constantemente te pasa por la mente que *debes ser perfecto, no debes diferenciarte,* entonces necesitas recordar en todo momento que debes siempre tomar acción así sea imperfecta, porque tienes que aprender del fracaso y seguir adelante para conseguir el éxito.

Recuerda que quien nada pide, nada consigue. No seas modesto en lo que pides, o en lo que quieres lograr, no seas modesto en la formulación de tus objetivos, si emprendes el deseo con toda la fe que requiere conseguirás cualquier cosa. Tú solo pide.

Ejercicio

Toma una pizarra y conviértela en tu agenda y coloca un horario con los objetivos específicos que quieres lograr. De igual forma, si sientes timidez para comunicarte con otros, puedes hacer el ejercicio rápido de comenzar a conversar con personas que te consigas al azar en el día, así no los conozcas puedes comenzar a hablar con ellos.

Esto lo puedes hacer así por una semana. Luego aumenta a tres personas al azar. Ten conversaciones seguidas al día y ve aumentando y cuando apruebes, pon en la agenda *aprobado* o pon *no aprobado*.

Poco a poco irás avanzando y te harás un experto. No aprendiste a manejar coche en un día y para andar bicicleta tuviste que tocar el suelo. La perfección se consigue con el buen hábito.

Activa el Vak de saturación del espacio y del sonido

Por ejemplo, cuando tienes que dar una presentación te sientes congelado, sientes que no podrás hacerlo, pasas por pensamientos contradictorios como *no puedo hacerlo* con ideas como *si lo hago esto es determinante para mi futuro* es aquí donde la PNL sugiere que juegue con las sub-modalidades auditivas y visuales de la percepción que se tiene del mundo.

Para activar estos sonidos se hace necesaria la kinestesia. VAK son siglas consagradas por la PNL designando los 5 sentidos que ocupa todo el lugar.

Ejercicio

En este caso puedes llegar más temprano y darte mentalmente todo el espacio que tengas disponible.

Otro ejercicio es cantar una canción favorita en tu mente para callar los mensajes negativos o decir algo que te saque de esa manera de pensar.

La PNL jamás juzga la manera de comportarse. Esto depende siempre del contexto, por ejemplo, en el caso de la timidez, no olvides que esta también tiene sus cosas positivas, con este tipo de pensamientos puedes encaminar los impulsos constructivos.

Tienes que buscar la inhibición y convertirla en una ventaja, con discreción y sensibilidad hacia los demás, como resultado tendrás gente más cercana que te confíe cosas.

La disociación VK

Tal como los niños, se trata de actuar como si se estuviese frente al gran jefe que está atrapado con emociones que son asociadas. La PNL le levanta el ánimo a la gente y la ayuda a levantarse. Su meta es disociar a la persona y los problemas. Ponerlos en la piel de otro y objetivizar la preocupación a través de imágenes y escritos.

Ejercicio

Lo que necesitas hacer como ejercicio, es visualizar. Puedes visualizarte siendo un experto en el tratamiento de las inhibiciones, debes pensar en qué consejo le darías a alguien en esa misma situación que tú. Puedes referirte a un libro imaginario o a algo que trate sobre la inhibición. Toca buscar recomendaciones útiles para dar y es allí donde la permutación de la información entra. En estos casos se disocia la emoción a la superficie de la piel.

Ejercicio de PNL para mejorar el estado físico y el aspecto

Vamos en el desarrollo de lo que es la PNL para principiantes, cómo sus principios se pueden aplicar para todo en la vida, así que te voy a presentar un ejercicio que aplica a algo que quizás quieres lograr: mejorar el estado físico y el aspecto en general.

Así es, puedes mejorar el aspecto físico y la salud en general, esto lo haces aplicando la PNL.

Vivimos con poco tiempo, muchas veces le dedicamos poco tiempo a nuestro físico y la salud, esto podemos dejarlo pasar por años, pero al final el cuerpo nos pasa factura.

Para mantener el estado físico saludable, en óptimas condiciones, es importante mantener hábitos que nos alejen de las posibilidades de padecer enfermedades, que nos ayuden a mejorar la salud, pues de esa forma podremos sentirnos mejor, y nos sentiremos más motivados a cuidar el aspecto, lo que a su vez fortalecerá nuestra autoestima.

Por eso nuestras acciones deben ir acompañadas de buenos hábitos de vida, de buena alimentación, y del coraje y decisión de tener éxito en todo lo que emprendamos, pues esta decisión refuerza el bienestar.

Es importante que tengas en cuenta cada uno de los conceptos clave de los que te hablaré desde este momento, pues es necesario que trabajes con el juego interior y con la autoimagen, que son procesos que nos llevan a mejorar el aspecto y el estado físico.

El proceso de la visualización o la imaginación consiste en tener contacto con las imágenes y sonidos y las sensaciones del interior, lo que se aplica mucho en la PNL.

Cuando se aplican en la PNL se desarrolla la práctica en plena visualización, que es una habilidad con la que conectas con el interior y sin duda puedes visualizarlo cada vez mejor, mentalmente puedes conseguir lo que quieras y llevarlo a la realidad exterior, con los resultados que tanto deseas.

He oído a lo largo de mi carrera que algunas personas que realizan los cursos de PNL dicen que no pueden visualizar, en realidad todos pueden visualizar, no hay un *no visualizar* porque no funciona así el cerebro. Todo va a depender de la práctica y de estar más relajados, lo más tranquilo que se pueda al momento de hacerlo, para que realmente se lleve a cabo la visualización y que esto juegue a tu favor.

Imagina que ganas

¿Has oído hablar del juego interno? También se le conoce como *inner game* que es una palabra inglesa que significa juego interior, y explica puede cambiar la forma *como piensas y creas dentro de ti, para crear las cosas que están fuera de ti.*

Se trata en definitiva del poder de los pensamientos y de aprender a imaginar lo que se llamada *creación de la mente* y luego verla plasmada en el exterior.

Hay mucho de todo esto en lo que es la práctica de la PNL. Quiero que nos enfoquemos en la influencia que tienen los pensamientos sobre el cuerpo en particular. Para ello lo que necesito de tu parte es que te centres en este *juego interior* y en las habilidades que puedes aprender.

Quiero que nos vayamos al año 1954 donde un cirujano plástico llamado Maxwell Maltz se empieza a dar cuenta que algunos de sus pacientes tuvieron un cambio radical en la personalidad inmediatamente después de pasar por sus manos, y también nota que hubo personas que no obtuvieron ningún beneficio de la operación, sino que salieron con la sensación de estar igual siempre, de hecho, ya se sentían así incluso antes de que los atendiera en el quirófano.

Luego de esto el cirujano comienza a profundizar en los recursos psicológicos e inventa uno de los métodos más clave del Desarrollo Personal. Con la imagen del yo y la autoimagen.

Este doctor inicia su propia experimentación en privado, les pide a los pacientes que no obtienen los resultados de la cirugía que comiencen a visualizarse mentalmente a sí mismos, como querían verse en la realidad.

Esto les puso a visualizar enfocados en ese yo ideal, un resultado que tendrían luego de terminar la cirugía. Este notó que los pacientes comenzaban a mejorar considerablemente no solo a nivel psicológico, en reconocimiento de su propia imagen, sino a nivel conductual. Con la mente se veían como personas atléticas y querían ser mejores físicamente.

Todo esto tiene sus técnicas y recursos de la PNL, de este modo se mejora la salud y la calidad de vida y ayuda a mejorar la autoimagen.

Luego de todo esto que te he hablado, viene el concepto de qué es la autoimagen, ésta en definitiva es cómo puedes verte, oírte y sentirte en la imaginación.

Muchas personas no se dan cuenta que tienen una imagen propia interna, hasta el momento que empiezan a buscarla.

Por qué hay una imagen simple, que es mental y que puede influir en el organismo, esto se debe a una especie de mapa interno de la realidad, más adelante hablaremos de los mapas. Este mapa es difícil de desviarlo. Las imágenes son una especie de brújula o un modelo interior que le otorga una dirección a los pensamientos y a las acciones.

Cuando alguien te dice un elogio de manera honesta y que es creíble, te dice que eres bien parecido o que eres alguien valioso, esto hace que te sientas bien, incluso mejor a cómo te sentías anteriormente.

Otro de los aspectos importantes está relacionado con la vestimenta, que influye por cierto en la autoimagen y en la autoestima de la persona. Tal vez te ha sucedido que te vas de compras y luego te encuentras bien y al comprar y probarte ropa nueva sientes algo ¿qué es? ¿Cómo te sientes al salir esa misma noche con tu ropa nueva? Te sientes bien de seguro ¿o no?

Cada vez que haces algo o te sientes bien o te sientes un poco distinto. Consentirse frecuentemente, lleva a la persona a sentirse mejor consigo misma, a enriquecer las emociones y a sentir que vale la pena cualquier emprendimiento. Lo bueno de todos los esfuerzos, es que al final deja la satisfacción del logro.

Como cuando se hace ejercicio, al terminar la rutina deportiva se siente un placer entre cansancio y liberación de endorfinas.

Así más o menos funciona el esfuerzo que le pones a los emprendimientos. Si los combinas con PNL son más sólidos y se van logrando cambios en ti y en el entorno en el que lo trabajas.

Es lo mismo que ocurre cuando estás en una fiesta de máscaras, esto es curioso, pero cuando tienes el rostro tapado te entra un carácter particular y te sientes distinto.

Todos estos son ejemplos que muestran de una manera clara y convincente cómo los estímulos psicológicos se relacionan con la propia imagen del yo. Influyendo en el estado de ánimo y el comportamiento.

Maxwell, quien estudió también por la psicología clásica, se da cuenta por medio de la PNL que para muchos es necesario vestir de nuevo y esperar un cumplido de otros o hacerse una cirugía plástica.

Es más fácil lograr un cambio y es manejable cuando haces este juego interior sin la necesidad de que se estimule el exterior. Por ello es que es importante que como primer paso al bienestar y a la condición física comiences a trabajar en tu propio juego interior y es por eso que el ejercicio de PNL que hagamos en el camino es una herramienta eficaz.

La manera en la que te ves es como los demás te verán.

De seguro esta frase la has oído muchas veces y nada es más cierto, las personas tendemos a proyectarnos y esta proyección debe ser de cosas positivas, de seguridad, de mucho amor propio. Si queremos que los demás crean y apuesten por nosotros debemos empezar por hacerlo nosotros primero. Si proyectas inseguridad y fracaso no esperes nada bueno de tu entorno.

Una de las premisas básicas de la PNL es que todo se basa en comunicar, no lo olvides, nos comunicamos con todos y al mismo tiempo de diversas formas.

Está comprobado que cerca del 90% de la comunicación humana no es consciente. Como dice el dicho *el cuerpo no miente* y cuando nos sentimos mal, aunque no lo demostremos, sí lo comunicamos de manera no verbal y con gestos, posturas, miradas y hasta el mismo silencio.

Siempre aplicas el concepto de la comunicación no verbal y la autoimagen, generalmente de forma inconsciente. Si piensas que eres una persona mala, tarde o temprano demostrarás el pensamiento a las personas que te rodean.

Contrario a esto, cuando piensas que eres una buena persona, entonces lo demostrarás tarde o temprano, la gente a tu alrededor lo descubrirá. Así no lo digas.

En la psicología el fenómeno se llama la profecía autoincumplida y es la base de muchas tecnologías del cambio personal, ya sabemos que hay corrientes para el cambio personal, cada una tiene sus características propias tanto negativas como son positivas.

En pruebas de campo se ha encontrado que todos buscan la manera de conseguir esa imagen positiva de sí mismos. Una de las maneras de conseguirlo es haciéndolo a través de la conciencia, usando el recurso de la relajación.

Esto es un paso previo y recomendable de la PNL y que se debe practicar para conectar con el interior. Es por eso que en la práctica cuando estamos más relajados las cosas pueden funcionar mejor, son más eficaces y esto no sucede si estamos acelerados, desenfocados o dispersos.

Necesitas conocer ejercicios de la PNL para mejorar la salud y el aspecto físico, para trabajar con el juego interior y la autoimagen.

Es por eso que te propongo que pases al siguiente nivel, donde aprenderás a trabajar la relajación simple y luego la verdadera programación mental aplicando la PNL.

El objetivo es que puedas aplicarlo en el proceso de la relajación, para que luego lo conectes con la autoimagen que sea ideal, y juegues interiormente y pases a la acción para que en la realidad te parezcas cada día a tu yo ideal.

El método que puedes aplicar para ello es colocar una escala mental o sea una cuenta progresiva hacia adelante o hacia atrás, como quieras hacerlo, que te permita conseguir una relajación profunda y comiences a visualizar la autoimagen.

Comienza así, ve contando lentamente hasta cierto número, puede ser de 10 para atrás. Visualizando una escalera con 10 escalones. Optando por contar en orden progresivo o regresivo para subir o bajar y como te decía elige contar solo mentalmente, a través de tu dialogo interno.

Antes de pasar al ejercicio de la programación neurolingüística, puedes hacer ejercicios de relajación.

Pero ya, luego de todo esto, vamos a conocer paso a paso lo que debes hacer. Esperando puedas comprender cada elemento de esta travesía.

Paso uno

Visualiza frente a ti, o si quieres visualízalo en una pantalla de cine, una copia de ti mismo en la mejor forma física y saludable, tanto como te sea posible.

Hazlo durante algunos minutos, desea forma podrás crear y experimentar mejor este estado antes de iniciar la relajación.

Si no logras realizar la visualización de ti mismo, la otra alternativa es imaginar a una persona que para ti es un ejemplo de bienestar y tiene una buena condición física.

Tienes que imaginar a una persona y transformar progresivamente el modelo elegido en ti mismo.

Paso dos

Observa el yo perfecto, mientras hablas, observas, escuchas, caminas y enfrentas los retos con seguridad y confianza. Tienes que aprender a dejar traspasarte por ese sentimiento positivo de mirarte a ti mismo en una manera muy saludable.

Tienes que comer sanamente, ver cómo haces el ejercicio, la manera como el cuerpo se encuentra en una armonía total y forma física.

Tienes que hacer que esta imagen sea muy atractiva parta ti. A esto debes agregarle modalidades atractivas que se usan en la PNL, como más color, brillo, movimientos, para que puedas verte como el gran actor de la película y que esto te motive, te guste, que al verte en esa película te digas *yo quiero ser así.*

Paso tres

Ahora, luego que disfrutaste de la presencia de tu *yo perfecto y en forma,* das un paso adelante y entras en el *yo ideal* que tanto has buscado.

Ahora has agregado una submodalidad clave en la PNL que se llama estado asociado, viviendo en primera persona.

Tienes que mirar mediante tus ojos y escuchar por medio de los oídos, registrar cómo se siente todo y el estilo en que caminas.

Observa la manera en cómo te sientes y tienes una buena forma física y observa cómo te sientes cuando comes de manera sana y correcta. Aprende a disfrutar la sensación de ser observado y halagado y siente todo eso maravilloso en tu vida.

Paso cuatro

Luego de experimentar todo lo anterior de manera plena y completamente con tu yo ideal, imagina de nuevo una escala con un recuento como te guste más. De este modo comienza a reorientar las cosas hacia tu realidad exterior.

Lo puedes hacer con los números y las sugestiones positivas, usa la palabra sugerencias.

Una técnica que te resultará fácil es usar la cuenta regresiva y llevar esas sensaciones y todo lo que tu inconsciente ha aprendido, mientras te regresas debes contarte lo bien que haces todo, afirmar tu valor y descansar, elogiándote y produciendo conscientemente sueños reparadores. Deja la afirmación de un día en armonía con cuerpo y mente.

Paso cinco

Ahora que has plasmado y mejorado la autoimagen toma unos segundos para que sientas lo bien que es ser lo más parecido a tu yo ideal. Ahora puedes ser otro.

Cada que hagas este ejercicio de PNL serás más consciente de cómo empiezas a parecerte a tu imagen ideal. Este es un fenómeno particular denominado el auto modelado inconsciente. Asimismo, sucede cuando somos niños y adultos.

Se ve la misma película varias veces, copiamos modelos, nos identificamos, actuamos de la misma forma que lo hacen los modelos elegidos inconscientemente, por ejemplo, cuando de pequeños tomamos como modelos a padres o hermanos.

Por medio de la imagen de nuestro propio yo ideal, nos identificamos con el verdadero yo y con el objetivo principal que es el bienestar y la aptitud física.

Con este ejercicio de PNL, si lo haces varias veces, podrás conectar, jugar en tu interior y con el yo ideal, un yo ideal que se encuentra con el estado físico, el pleno, el activo y el saludable. Así llegas rápidamente a los cambios que necesitas y deseas.

Luego de preparar la mente tienes que testear, mediante la acción, necesitas llevar a la realidad, progresivamente, tu visualización. Ponerte en una acción real.

Se trata de ir reproduciendo con los cambios y las mejoras todo lo que la práctica del ejercicio de neurolingüística te ha permitido alcanzar en la mente, debes también llevarlo al lenguaje, por supuesto, hazlo cada día y verás los resultados en temas que quieras emprender, porque esto es lo maravilloso de la PNL haces cuanto quieras y si lo haces preparando la mente se logrará.

No olvides los elementos básicos de la PNL

La programación neurolingüística es un modelo dinámico de cómo funciona la mente, eso ya lo sabes, desde que se percibe hasta que se ejecuta el acto o la respuesta. Pasa por el procesamiento a través de filtros que son particulares y dependen del entorno, las creencias, códigos e historia de cada uno.

Es un conocimiento que permitirá intervenir en diversos procesos tales como aprendizaje, afrontamiento, superación de fobias, control del estrés.

El campo de trabajo es tan amplio como el de las relaciones interpersonales. La PNL va a permitir conocer el funcionamiento, tanto el nuestro como el de las personas con las que interactuamos, y de ahí es utilizado en las ventas, emprendimiento, en la vida familiar, en las relaciones interpersonales, y más. Es un complemento en el desarrollo de la inteligencia emocional.

Entre otras cosas la PNL hace:

- Aumentar la autoconfianza.
- Que mejoren las relaciones interpersonales.
- Se permiten afrontar las situaciones problemáticas.
- Se negocian y solucionan conflictos de manera positiva.

Los mecanismos del cerebro ante situaciones especiales

El cerebro funciona con una determinada programación para cada situación en particular, por lo general usamos una estrategia para poder despertar, otra para poder estar dormidos, insomnes y otra para boicotearnos discutir o estudiar, producir estrés, temores y ansiedad. Esto nos ayuda a descubrir, permitiendo modificar aquellos casos en los que estemos inhibidos o aquellos en los que más bien necesitamos saber cómo afrontar situaciones. También nos sirve para aprovechar los éxitos, copiarlos y usarlos en circunstancias que nos obliguen a optimizar el rendimiento.

Comprender el proceso mental es clave para reconocer la mente y es a través del lenguaje, y en la forma en la que se mueven los ojos, que se reconoce el proceso.

El primer paso es percibir, partiendo de nuestros sentidos. Es cierto que cada persona tiene uno o más sentidos desarrollados, y estos son los que nos permiten descifrar o interpretar la entrada de los estímulos.

Cuando se está visualizando la posición de los ojos es para arriba, a la izquierda cuando está recordando, a la derecha cuando imagina o proyecta algo. El lenguaje también tiene su papel y revela la importancia que tiene para cada individuo el origen de su percepción. Las expresiones son de tipo visual.

"Mira lo que te digo; veo que; hay un punto ciego".

O también *"según el color con el que se mire".*

A nivel auditivo la posición de los ojos está en línea media, a la altura de las orejas, al lado izquierdo responde con los recuerdos. Las expresiones verbales son:

"Escucha esto que te digo; hacerse de oídos sordos; vivir en armonía; inaudito; palabra por palabra".

A nivel kinestésico el lenguaje no verbal se da con el gusto, el olfato, el tacto, los sentimientos y las sensaciones, la posición de los ojos es para abajo, la localización responde al dialogo interno, con las expresiones verbales que muestran la procedencia perceptiva que se dice:

"Siento que; lo siento en el alma; carde de gallina; discusión acalorada; romper el hielo; te siento; tengo un peso; vibramos igual; hay que pisar fuerte".

El problema es que no prestamos atención a toda nuestra percepción del entorno. Las creencias funcionan como filtros perceptivos de manera que destacamos aspectos percibidos que otros no.

Un ejemplo es que, si alguien está convencido que tiene mala suerte, entonces seguramente destaque por esos hechos, interpretará todo en base a que las cosas que no le salen bien y se descarten los éxitos, todo por la percepción que tiene de la vida, la forma en la que interpreta los eventos y sus propios estímulos frente a ellos a través de todos sus sentidos.

En muchas ocasiones es necesario trabajar el sistema de creencias para modificar los síntomas o las actitudes.

Hay algunas creencias que facilitan el proceso de arriesgarse y así conseguir el éxito, como *"con intentar no perdemos nada"*.

Hay otras que inhiben, como *"no puedo"*.

Algunas son paralizantes y exigentes:

"Equivocarme; si no soy la; debo hacer todo; mejor, no existo; hay que destacarse".

Están las creencias activas, que son acción, que se ejecutan o verbalizaciones, que se hablan.

Están las pasivas que son las que nos haces quedar fuera o limitarnos a mirar. También las globalizadoras. De todas ellas debemos hacernos conscientes, y nuestro lenguaje no verbal podría ayudarnos a identificar el tipo de creencias que dirige nuestras actitudes y comportamientos.

Capítulo 3. Para tener en cuenta:

El mapa no es el territorio.

El mapa no es el territorio.

La anterior es una gran frase que tiene un origen curioso. Es uno de los postulados fundamentales de la PNL y fue acuñada por el lingüista Alfred Korzybski, este fue el primero en usarla en el concepto de la neurolingüística.

El significado de ella proviene de una historia, a lo mejor apócrifa pero que es muy ilustrativa, al parecer la pronunció Alfred durante la Primera Guerra Mundial, cuando cayó junto a su tropa en un hueco que no figuraba en los mapas y los resultados realmente fueron desastrosos.

Según Alfred, el mapa no es el territorio que representa, del mismo modo que una palabra no es el objeto que representa. El conocimiento que tenemos del mundo se limita por la estructura de nuestro sistema nervioso y la estructura del lenguaje.

No tenemos la experiencia del mundo de manera directa sino por las abstracciones que configuran los mapas mentales con los que comprendemos la realidad. Cada uno tiene su propio mapa mental.

Cada uno tiene su propia verdad, el propio mapa mental, es por ello que en cualquier discusión lo mejor es buscar un objetivo o acuerdo común, no se sabe quién va a ser victorioso.

Pero vamos a hacer un abordaje por partes para comprender mejor todo este concepto.

El mapa no es el territorio

Ya te dije que es uno de los principios más conocidos de la PNL que dice que el mapa no es el territorio.

Esto es una perla realmente, por eso quiero dedicarle algunas páginas más, para ayudarte a entender qué significa y puedas empezar a aplicarlo en tu vida, para que te permita tener más flexibilidad a la hora de abrir tu mente a otras formas de ver el mundo. Esto te va a ayudar a reducir el comportamiento de querer tener siempre la razón y empezar a equivocarte de cuando en cuando, para que sepas que hay opiniones que a veces son buenas o malas y es parte de la razón de todo este proceso de cambio.

Su significado

Vamos por partes, la frase de: *el mapa no es el territorio* es una metáfora, habla de la realidad que es el territorio y de la interpretación que cada uno de nosotros hacemos de esa realidad que es el mapa. Te voy a explicar la forma en la que yo lo hago para que tengas una idea clara al hacerlo.

Está la realidad que es el mundo tal como lo vemos, con los acontecimientos y los hechos que se desarrollan. Este sería el territorio, bien, cada uno de nosotros hacemos una interpretación de esa realidad según nuestro mapa mental.

Los mapas mentales, el mío, el de todos, se van creando de una manera en particular, para que se aprenda a procesar la información que percibes del mundo. A medida que vas aprendiendo qué es una puerta, quiénes son tus padres, y la importancia que tiene la familia, así como muchas otras cosas, vas construyendo tu realidad con las creencias sobre toda esa información, entonces no solo haces eso, sino que construyes un mapa mental para que puedas ubicarte en el territorio y le vas asignando valores a las cosas y le das significado a las experiencias que te van sucediendo. Todo esto va a conformar el mapa mental del mundo y será tú percepción e interpretación de las cosas que te van sucediendo.

¿Necesito un mapa?

Claro que sí. Todos necesitamos un mapa para poder comprender todo a nuestro alrededor. Para darle un significado y una interpretación a las cosas para poder vivir e interactuar con los demás. ¿Puedes orientarte en una ciudad donde nunca has ido y en la que tienes que ir en una dirección que no conoces? Necesitas tener un mapa, referencias, calles, darle sentido a ese espacio donde te encuentras y seguir las calles paso a paso hasta dar con la dirección que estás buscando. El cerebro necesita darles sentido a los acontecimientos, para que se tenga la certidumbre de las consecuencias y poder así decidir.

Esa mala costumbre de llevar siempre la razón

¿Vienes comprendiendo todo lo enseñado hasta ahora? Entre más páginas avances más comprenderás la PNL. Tal vez te ocurre cuando hablas con otros sobre algo y resulta, para sorpresa tuya, que es algo totalmente diferente a tu opinión.

Tal vez hasta ahora pienses que un despido es una tragedia, una noticia muy mala, pero vengo yo y te digo que no lo es, pues mi experiencia me ha demostrado que es siempre el inicio de mejores etapas. Te podría sonar absurdo, ¿cierto?

Según el mapa mental de cada persona este hecho puede verse como la gran oportunidad de encontrar algo mejor de emprender o visualizarse viviendo debajo de un puente porque es un desastre y quiere verse así, cada quien elige lo que quiere pensar y nadie debería interferir en ello.

Todo esto seguramente parece que es parte del sentido común de cada persona, no sé mi estimado lector si estás de acuerdo conmigo, pero a la hora de aplicarlo no es tan fácil como cuando se ve por la lectura.

Una cosa es teoría y pensar en opiniones y la otra es los gustos y los colores, y ser tolerante y flexible para las opiniones diversas que puedan existir.

Nos cuesta mucho reconocer y asimilar aquello que no encaja con nuestro mapa del mundo, a veces podemos decir que *damos el brazo a torcer* cuando en realidad no se trata de *torcer* nada, sino de aceptar que cada uno ve, oye, percibe y juzga desde su propio cristal y desde su propio mapa.

Tenemos la tendencia de ponernos cabezones con el tema de llevar la razón, nos preguntamos qué va a hacer el otro que es el que se equivoca y no nosotros. Pero en el fondo la razón es entender la pregunta importante acerca de la forma de ver las cosas, y pensar en lo útil y lo inútil.

Entonces, ¿el mapa enriquece o limita?

Lejos de que pienses que la forma en la que ves el mundo es posible y correcta, te invito a que comiences a preguntarte si el mapa que tienes está siendo útil para los objetivos que estás buscando, o si por el contrario andas un poco perdido en calles que no te llevan en la dirección correcta.

Tú debes indagar si tu mapa mental te limita, o si por el contrario te permite contemplar otras opciones que te ayuden a abrir las puertas para que te sientas mejor y hagas las lecturas más constructivas de los resultados que quieres en la vida.

Dicho esto, me hace recordar un momento en el cual estuve en un seminario en Barcelona, donde hablábamos sobre la motivación. En un momento determinado llegamos a un debate donde dos personas que se habían quedado sin empleo de manera repentina en circunstancias similares discutían entre ellas.

Una, luego del impacto inicial donde por un momento se sintió deprimida y asustada de andar en terreno desconocido, pasó a verlo como una oportunidad para encontrar un nuevo empleo, uno que fuera mejor que el anterior y que le permitiera seguir cumpliendo con el objetivo de su vida que era pagar las cuentas y la hipoteca.

Esa manera de pensar le fue muy útil, ya que la misma semana en la que perdió el empleo, ya estaba en la calle metiendo hojas de vida y moviéndose enérgicamente en conseguir un empleo nuevo.

La otra persona con una situación que era muy similar, le reprochaba que tenía demasiado optimismo, que se dependía más de la suerte para encontrar o no un nuevo empleo.

En su realidad todo estaba muy mal, no había empleo por ninguna parte y luego de muchos meses nada que conseguía un empleo donde trabajar.

No importa si alguien es positivo o es negativo, en realidad es una etiqueta que le pones a un conjunto de comportamientos, lo interesante de esto es que aprendas a plantearte si esa es una manera de ver el mundo útil o no, si tu forma de ver la vida te permitirá lograr metas y objetivos y si el mapa del mundo te ayudará a ver nuevas opciones. Que te ayude a construir caminos nuevos.

Cuando un mapa te limita y restringe con respecto a tus requerimientos, entonces toca buscarle sentido para continuar o no. Pensar que la verdad es así y no puedes hacer nada para que veas las cosas de otra manera yate limita. La verdad es que nada pierdes con intentarlo, nadie dice que el territorio solo se puede interpretar de una sola forma. No me digas que los que ven una cosa de otro modo son solo suertudos. Eso no cuela.

Diseña un mapa mental útil

Lo bueno de la PNL es que puedes ser más consciente de lo que sucede en tu cabeza, aquella manera de razonar y por medio de la cual llegas a conclusiones. Aprendes la habilidad para generar un mapa mental amplio que permite que puedas contemplar las opciones a la hora de interpretar la realidad, el objetivo es que aprendas a construir un mapa mental que te sea más útil al momento de dirigirte a las metas y amplíe las opciones en vez de limitarte.

Si quieres enriquecer el mapa, observa la próxima vez cuando te afirmes algo donde digas *esto es un problema para mí* o que digas *no seré capaz de lograr esto.*

Debes plantearte formas, leguajes, visualizaciones y acciones que sean útiles para generar un estado emocional que ayude a lograr el objetivo que te planteas, e identificar así los pensamientos que te limitan desde el inicio, para poder combatirlos efectivamente.

Hazte la pregunta de cómo te verán las otras personas que son importante para ti o de las que admiras sus habilidades, es así como puedes resignificar los hechos, tu comportamiento y la interpretación de todo aquello que intente frenar tu vida.

Ponle imaginación y piensa de qué manera podrías interpretar toda tu realidad, de forma tal que abras las opciones a elegir el significado que te vea más constructivo.

Debes cuestionarte si lo que es para ti es la causa de algo, es verdaderamente las causa y no una consecuencia de pensar así.

Tienes que comprender que cuando opinas no lo haces desde una base de la realidad, sino desde la propia interpretación que le das a esa realidad, del significado qué estás dándole y que a su vez coincide con las creencias y los valores y experiencias que ratifican la forma en la que ves el mundo.

Lo que es verdaderamente útil en toda esta experiencia es que aprendas a entender que cuando hablas lo haces desde el mapa y así mismo debes hacerte consciente del hecho de que cuando la otra habla lo hace desde el suyo. Cada quien en su propia geografía.

Aunque se hable del mismo destino o del mismo tema, las aproximaciones y los planteamientos generalmente suelen no coincidir puesto que cada quien les pone filtros a sus mapas, y así la interpretación de la geografía de creencias difícilmente podrían coincidir.

Aprende a comprender lo que significa que el mapa no es el territorio y date cuenta de la cantidad de discusiones absurdas, malos entendidos, e incluso de las pérdidas de oportunidades y de la inactividad que provoca el no entenderlo.

Tipos de filtros

Hay varios tipos de filtros en nuestro sistema neurológico, algunos de ellos son:

- Aquellos que nos diferencian de las demás personas que tienen una visión diferente, una audición distinta y una sensibilidad diferente al ambiente, al entorno, etc.

- La cultura con la que miramos al mundo, es decir la cultura y las costumbres de cada persona, un habitante de América del Sur no ve la realidad con los mismos ojos que los ve uno que vive en Europa o en África. Cada espacio tiene su propia cultura y una manera distinta de percibir las realidades.

- Filtros individuales donde cada persona a la vez en estos lugares tiene sus convicciones y experiencias y costumbres familiares, y los valores y experiencias que hacen que reaccione de distinta manera frente a cada situación.

- La exclusión es otro filtro, y es que muchas personas excluyen ciertos elementos de sus realidades, para así prestarle atención a otros elementos que van más de acuerdo a sus propios filtros. El cerebro va a dejar de poner atención a la multitud de cosas que están ocurriendo en cada una de las experiencias, es así como la percepción limitada de cada uno de los eventos sucede en un momento determinado.

- La generalización del sistema neurológico, que consisten en generalizar las cosas que se han aprendido, como sucede cuando aprendemos cosas en nuestra infancia como la electricidad y sus peligros o la altura y lo que representa. No es necesario electrocutarse o caer de un piso 13 para recordarlo. Es una información necesaria que queda almacenada y actúa con cuidado sabiendo lo que es un tomacorriente o un balcón peligroso. El cerebro hace el trabajo por nosotros y sin embargo nos juega una mala pasada en otro tipo de generalizaciones, cuando por ejemplo algunas mujeres piensan que todos los hombres son iguales o siempre hacen lo mismo, o cuando a partir de una experiencia negativa piensas siempre que eres un desastre.

- Distorsión, este filtro significa que extraes conclusiones y das significados a lo que sucede de manera aleatoria y se distorsiona lo que se percibe y la manera cómo se viven las experiencias pasadas. Muchas veces actuamos es en base a los prejuicios basados en las experiencias que se vivieron en el pasado.

Todos estos filtros, actúan como procesadores de toda la información que vas observando y asimilando, y es cuando creas representaciones internas de lo que se llama realidad, donde creas mapas que solo son representaciones de aquello que está a tu alrededor. Es de allí de donde parte la frase de que el mapa no es el territorio.

Pero, te pregunto:

¿Lo que representamos nosotros es la realidad verdadera?

¿Es la representación de lo que percibimos?

Si queremos ponernos más filosóficos

¿Qué es la realidad?

Cada persona tiene un mapa de lo que es la realidad, cuando nos comunicamos debemos tener contacto con el mapa de la otra persona. Cada persona percibe la realidad de una manera distinta, y entenderlo es el arte de la comunicación que es eficaz.

Es aprender a tratar de comprender de manera mutua el mapa de cada persona. No olvides que cada quien percibe la realidad de una manera distinta, la comunicación incluye la habilidad de responder de manera eficaz a otro. De respetar el modelo del mundo.

Es allí cuando la PNL aporta los recursos para lograr los mejores resultados en nuestras vidas, la mejor comunicación con los demás y con nosotros mismos.

Técnicas de PNL para que se mejore la comunicación de creencias limitantes

Ahora voy a presentarte algunas de las técnicas de la PNL que te permitirá corregir los mapas mentales que tienes y no te dejan ser felices.

Esta es una técnica de la PNL que se llama *la silla vacía* y es de las mejores técnicas de programación neurolingüística que sirven para que puedas aplicarla. Es así como la vas a hacer:

- Comienza por colocar una silla vacía en el lugar donde puedas estar a solar, ahora imagina que en ella está sentada la persona con la que tienes un problema. Puede ser el jefe, la pareja, un amigo, los padres, quien necesites sentar ahí.
- Párate del lado derecho y asume el papel que te corresponde, o sea imagina que es verdad que estás frente a esta persona con quien tienes un problema e imagina cómo se ve, lo que dice y lo que sientes al verlo allí sentado.

Desde el inicio, no te detengas, dales rienda suelta a los recuerdos y es aquí donde radica la importancia de estar solo, porque si quieres decirle todo lo que tienes por dentro entonces lo harás, así te liberas de todo lo que traes dentro.

No te quedes con nada.

- Ahora eres tú quien se va a sentar en la silla y te meterás en la piel de la otra persona, aquí es importante que de verdad sientas que eres el otro. Cómo se sentiría esa persona sentada allí, cómo reaccionaría. Comienza a hablar para que vayas respondiendo los insultos que te acaban de dar cuando estabas en el otro papel.

Supongamos, por ejemplo, que llegas a tener un conflicto o discusión con tu pareja, es una persona que desde hace un tiempo ya no te dice nada agradable, y muchas veces parece que está con pereza de seguir en la relación, entonces sientas a tu pareja en la silla, le dices sobre todo lo que trabajas y los esfuerzos que pones para todo, que sientes tu esfuerzo es menospreciado y te permites expresar todo lo que has callado. Dile todo lo que tienes por dentro.

El otro paso es que te sitúes en el lugar de la persona sentada en la silla, que percibas o te hagas una idea de cómo recibe lo que le dices, e intentes descifrar, basado en lo que ya conoces de ella, su propio mapa mental, de manera que así también te permitas escucharla en el ejercicio.

A lo mejor en ese lugar, situándote en la silla como si fueras la otra persona, comprendes que tu pareja no tuvo calor de hogar y por eso no sabe ser cariñoso, a lo mejor le dijeron hacerlo le hacía sentir débil. Ya luego puedes responder y seguir así hasta que te liberes totalmente.

Esta es de las mejores técnicas de PNL o de las más famosas, porque puedes conocer cómo funciona la mente y cómo se mejora la comunicación y sirve para enseñarle al subconsciente lo que va a ver en otras personas de manera distinta.

Es una técnica ideal para para empezar a ver con los ojos de otro, ponerte en los zapatos del otro, y empezar a sentir en la piel de otro y entender las motivaciones, los miedos y emocione. Esto realmente es maravilloso y por eso te lo recomiendo ampliamente.

Al poner en práctica esta técnica que te he explicado, podrás comenzar a sentir como lo hace esa persona a la que seguramente juzgas. Vas a palpar los miedos, las emociones y todo esto que de verdad es increíble, porque te permitirá mejorar tus relaciones interpersonales, e incluso tu relación contigo mismo.

Técnicas PNL

Tal como te lo decía en un momento, esta es de las mejores técnicas de la PNL, así aprendes a entender a los demás y aprendes mucho sobre otros.

Claves para entender nuestra vida basados en la PNL

La PNL ayuda a gestionar el mapa mental para entender la vida de mejor manera. La programación neurolingüística se basa en la metodología de organizar las acciones, comportamientos e ideas y que influye en la transmisión de nosotros mismos, las creencias, sentimientos y valores hasta llegar a la interpretación del mundo con la programación neurolingüística. Al aprender a manejar esta herramienta podremos modificar acciones y comportamientos de la realidad, que influyen en las decisiones que se adoptan y llevan a gestionar los estados de ánimo.

Las denominadas presuposiciones se interpretan según el ímpetu con que se adopta el día a día. Quiero enseñarte algunas claves para que las puedas aplicar en tus interpretaciones de las acciones de tu realidad permitiendo que se optimicen los recursos mentales y gestionen y tomen mejores decisiones para mejorar la relación con nosotros mismos y con los demás.

El mapa no es el territorio

La presuposición principal de la PNL se basa en el concepto de que los dibujos de los sentidos, del mapa mental de la realidad, son individuales en cada uno de nosotros, es por eso que cada uno tenemos nuestra propia interpretación y es a través de la PNL que se cambia la realidad y con los mapas mentales se consiguen resultados más eficaces.

Mente y cuerpo parte de un mismo sistema

La mente y el cuerpo forman parte del mismo sistema, por lo tanto, se comunican de manera constante no solo con las palabras sino con los gestos, las acciones y la expresión

El territorio no limita

No es el territorio el que te limita, son los recursos que se reflejan en los mapas mentales.

Los fracasos no existen

Los fracasos no existen, son la retroalimentación que se recibe de una experiencia y es el sacarle a esa experiencia una enseñanza lo que te servirá para poder seguir adelante. Es el proceso de enfrentar los resultados de algo. El fracaso es solo parte del proceso donde no se dio lo que esperábamos sino otro resultado, queda de nosotros que tomemos la experiencia como una tragedia o un aprendizaje.

El significado de la comunicación

Cuando me refiero al significado de la comunicación hablo de la respuesta que recibimos de la otra parte cuando habla con nosotros, es la percepción de la información que tenemos de los demás.

Lo que tienes para triunfar

Todas las personas contamos con los recursos necesarios para cambiar y actuar de manera eficiente. Solo hay que aprender a desarrollarlos para seguir adelante.

Además:

- Todo comportamiento es una intención positiva.
- Nuestra actuación debe ser de la mejor manera posible con los recursos que se tienen en ese momento.
- El procesamiento de la realidad se da a través del cuerpo y la mente. Somos nosotros quienes creamos las experiencias propias.
- No hay fracasos solo resultados.

Aprender a reconocer, ampliar y cambiar los mapas mentales de la realidad

No sé si a ti te lo pidieron, pero a mí sí, cuando estaba en la escuela me tocaba hacer una tarea escolar llamada *hacer mapas* que consiste en colorear y llenar de contenido el contorno.

Cuando me tocaba dibujar un paisaje de mi ciudad, llena de montañas ríos y nubes, colocaba el tipo de industria o dejaba señalada la densidad de la población.

Aún hoy mantengo en la mente la sensación que experimentaba al comprobar que en el mapa que hacía nunca quedaba reflejado lo que a esa edad era para mí importante.

Cuando me acercaba a un concepto metafórico que años más tarde estudiaría con la PNL, comprendí en profundidad todo. Con este enfoque los autores que mencioné al inicio consideran que *el territorio es la realidad escueta y completa y el mapa es el modo personal de captarla.*

Cada ser humano procesa la información que llega del exterior a través de los cinco sentidos. Es una cantidad inmensa de datos que es imposible de asimilar en totalidad, además que, en el proceso de asimilar tales datos, generalmente estos se someten a los filtros mentales que seleccionan el contenido. Es así que desde el comienzo cada uno va a elaborar más o menos conscientemente la representación de la realidad y el mapa del territorio, la percepción particular limitada por el tamiz de las variables neurológicas, socioculturales y derivadas de la historia personal.

Con el mapa se perfila la perspectiva y el propósito de búsqueda orientando nuestras acciones.

La metáfora del mapa siempre ha resultado útil para comprender algunas situaciones de la vida, y para interpretar los tropiezos que vinieron por haber olvidado ese mapa de nuestro territorio.

Gran parte de la labor para asimilar mejor las distintas dimensiones de una realidad, consiste en que las personas tomen consciencia de las posibilidades y de cómo armarlas. Se puede decir que este es un espacio de trabajo que tiene mucho que ver con cambiar el concepto de la verdad absoluta en el mapa de las posibilidades.

Si te sientes atascado o fuera de orientación o si te sirve de inspiración, quiero que conozcas este enfoque, no importa tu edad. La escuela de la vida es una enseñanza constante donde aprendes y disfrutas haciendo mapas.

Te voy a contar una historia:

Juan Manuel es un hombre curioso, quien siguiendo esa curiosidad que tiene se va más allá de las limitaciones y estrecheces de su entorno y descubre horizontes más allá de las montañas donde estaba. Descubriendo capacidades y posibilidades que le iban a ayudar a crecer mucho. Es así como crece para sí y para los demás.

Luego que lees esto te pregunto ¿En qué te limitan los miedos?

¿Qué hay más allá de los miedos que tienes y del techo de seguridad que montaste?

¿De qué manera puedes ampliar ese punto de vista?

Como todos los seres humanos tienes la libertad de la acción para la inconsciencia. Así logras que tu mapa se expanda a las posibilidades que quieras, y puedes expandir la mente a la vida que eres, a todos lados.

Preguntas para que te hagas

Tienes que responder de manera honesta a las preguntas que te propondré a continuación, cada una de las respuestas perfilará el contorno del concepto que tienes de ti mismo, los límites, las fronteras, las debilidades y las fortalezas.

Mi sugerencia es que consideres esto como algo orientado a tu crecimiento, en algunos aspectos puede ser algo que se amplíe a las posibilidades de evolución de tu propia personalidad y habilidades, así como de tu consciencia de la realidad.

¿Qué es eso que quieres ser pero que no serás nunca? (Debes enumerar los Límite).

¿Qué es lo que no quieres ser y tampoco serás nunca? (Esta respuesta sería tu Frontera).

¿Qué quieres ser y seguramente podrás ser? (El reconocimiento de tu Potencial).

¿Qué no quieres ser, pero crees que podrías ser? (La identificación de tus Debilidades).

¿Qué quieres ser y serás siempre? (Reconocimiento de tu Esencia).

¿Qué no quieres ser, pero crees que serás siempre? (Identificación de tu Sombra).

Para trabajar en las distintas maneras en las que procesa el cerebro todo tipo de información, pon en práctica los ejercicios que sean necesarios para llevarte a esos objetivos, todos los que hasta el momento te he compartido. De igual forma debes tomar la consciencia necesaria para incluir en tu vida los principios que te he compartido hasta ahora, y mejores así tus capacidades, tus emociones, tus sueños y toda tu realidad. La idea en todo esto es que llegues al camino del autoconocimiento y armes un rompecabezas para tu crecimiento.

Amplía la mente en el momento presente practicando la plena atención

Cuanto más te haces consciente de las experiencias de vivir, como de lo que comes, o del momento de ducharte, o de cualquier otra actividad en tu vida diaria, mejor será la experiencia misma de vivir.

Aprende a usar los sentidos y a disfrutar de los matices de la vida, los olores y sabores, los colores y las texturas y aunque todo te parezca igual en cada instante, todo esto es diferente y hace que la experiencia resulte apasionante.

Aprende a desarrollar la capacidad de observar los pensamientos, los sentimientos y las sensaciones, así aprenderás a ampliar los modelos de interacciones y a entender mejor lo que pasa, lo que haces y lo que quieres que suceda.

Encuentra tiempo para estirar los músculos, para caminar y practicar alguna actividad, puede ser una deportiva o aprender a bailar, mientras estás haciendo esto vas a aprender escuchar el cuerpo y lo que dicen los movimientos y las sensaciones que tienes y la actitud que adoptas

Puedes hacer pausas en los espacios para tener silencios contigo mismo, para escuchar en profundidad todo lo que sucede y para que la intuición y la emoción y el rumor comiencen a trabajar. Te puedes sentar cómodamente por diez minutos y ponerle atención a la respiración, mira cómo entra y sale el aire por la nariz, cómo recorre tu interior e infla tus pulmones.

En el momento en el que la atención quede captada por un pensamiento, una emoción o una sensación, nómbralo en silencio sin juzgarlo. Luego vuelve a enfocarte en la respiración y escucha con atención lo que canta tu corazón cuando no hay condición que frene tu canción.

Ahora aprende a asomarte fuera del mapa, aprende a usar la imaginación, atender a las intuiciones, a desarrollar la creatividad y a escuchar a otros. Es la manera de ampliar la capacidad de resonancia y empatía para atreverte a cambiar el repertorio de acciones.

Cada vez que te atreves a formularte una nueva pregunta que permite que expandas los límites y las preguntas que necesitan tener respuesta, permites que los límites se amplíen y las preguntas que necesitan respuestas son respondidas. Es un proceso inspirador y sanador.

Hay interrogantes que en la vida tienen como objetivo apuntar hacia un nuevo horizonte más allá de las acomodadas certezas, si en la mente no hay cabida para el misterio y las preguntas quizás es que los dogmas te aprisionan y debes atreverte a dudar para liberarte.

Así imaginas la nueva realidad, que es el primer paso para crearla, aprendes a describir lo que ves por encima de las primeras circunstancias, las actitudes y las creencias.

¿Qué pensarías o sentirías si eso que ves imposible no lo fuera en verdad?

¿Qué acciones emprenderías si te sintieras libre?

¿Cuáles decisiones tomarías si supieras que puedes alcanzar el éxito al emprenderlas?

Si te apasiona imaginarlo ya estás transitando por un camino que pronto aparecerá. La imaginación puede llevarte a donde quieras y mostrarte el camino. Aprender a hacer una visualización creativa te permitirá abstenerte de ir por los pensamientos que limitan, y así podrás hacerte otro camino más constructivo.

Aprende a tomar consciencia de las facetas variadas en cada situación aun cuando no las comprendas. Aprende a ver más allá de las apariencias para que descubras la verdadera dimensión de los asuntos que quieres ver y desde diversas perspectivas, atendiendo a la intuición animándote a mirar más allá de lo evidente.

Cultiva la curiosidad y reúne las enseñanzas para que aprendas a integrar lo que te ayude a crecer en armonía y paz contigo mismo. Aprende a ser fiel con lo que te enseña el corazón y agradece la senda que otros han marcado para ir más allá.

Recuerda que de poco sirve la información del mundo cuando no te ayudas a acortar las distancias que van de corazón a corazón.

A veces es necesario hacer un hueco entre las piedras de los prejuicios propios para llegar al camino de la empatía. Aprende a elegir a una persona que te resulte difícil de tratar o no puedas comprender.

Piensa en las circunstancias del día a día de otras personas, y las motivaciones que los pueden llevar a hacer lo que hacen. Las dificultades que afrontar, el entorno y el tipo de limitaciones que tienen que asumir.

¿Qué es eso que más anhelas?

¿Cuáles son esos miedos que te frenan?

¿Comidas favoritas?

Baila con los ritmos preferidos y habla en sus idiomas y disfruta sus tradiciones. Intégrate.

Cuando te topas constantemente con los mismos obstáculos a lo mejor es que mantienes una visión caducada de las soluciones posibles. Lo que tienes es que hacer es permitirte experimentar y jugar con lo que tienes a tu alrededor. Aprende a jugar, a salir y dar un paseo diferente, a poner más atención al tono de voz en una conversación, sorprenderte haciendo una cosa distinta o saborear lo que no puedes hacer cuando estás haciendo otra cosa.

Aprende a calzar el ánimo y la mentalidad e investiga cómo se siente la vida en ese caminar, prueba y exprésate con los gestos sin hablar. Habla de la experiencia e imagina que eres solo una parte de tu miembro cuando lo haces. Canta en el momento en el que debas comer. Rompe la rutina totalmente.

Contempla el mundo de manera distinta. Da ese paso y deja atrás la rutina. Es parte del ser humano tropezar y también lo es dejar de hacerlo.

Aprende a cultivar las semillas de la creatividad.

Finalmente, una reflexión para que puedas reforzar tu actitud de continuar, de no frenarte ni rendirte, de explorar nuevas posibilidades, de ampliar la mente:

Una vez hayas aceptado tus límites, ve más allá de ellos.

.

Capítulo 4. Te presento las presuposiciones de la PNL

Por medio de la PNL se puede llegar al concepto y a todo lo que representan las llamadas presuposiciones, las cuales permiten llegar a verdades que funcionan para el bienestar en todos los ámbitos del ser humano que decida aceptarlas y asimilarlas como tal, por tanto, estas pueden llegar a definir las actuaciones en diversos contextos en los que nos desempeñamos.

Esto forma parte de la certeza absoluta o universal. Se toman como ciertas o verdaderas y constituyen los recursos que optimizan nuestra vida y la relación con las demás personas y con nosotros mismos. Existen las que presuposiciones que se conocen como Ericksonianas y son las que te explicaré a continuación:

Presuposiciones Operativas:

Mente y cuerpo son parte del mismo sistema cibernético

El calificativo de cibernético se aplica para poder indicar que este sistema de mente y cuerpo se caracteriza por la interacción de un circuito abierto de comunicación, en una interacción ambos, mente y cuerpo, comparten información e influyen entre sí. Esto se confirma por el hecho de que un cambio en un ámbito afecta de algún modo al otro. Ambos hacen parte de la ecología del ser humano.

Mente sana en cuerpo sano, es esto lo que se decía en las Sátiras de Juvenal, allá en el siglo II, actualmente sabemos que las enfermedades tienen un origen psicosomático. Muchas de las dolencias como las úlceras, la artritis, las migrañas, el asma incluso algunos tipos de cáncer tienen la raíz en el estrés a nivel emocional. Muchos profesionales de la medicina se han dado cuenta de esto y descubrieron que la mente y el cuerpo funcionan como una entidad.

Se han ido incorporando en la medicina occidental técnicas que incluyen en el bienestar emocional y mental, parten del ámbito fisiológico para poder conseguir de manera rápida y completa sus resultados, tal como es el caso de la medicina neurolingüística que se relaciona con trabajar la mente para sanar el cuerpo.

Cuando se siente dolor emocional en una parte del cuerpo o en un órgano en particular hay alta probabilidad de que este dolor emocional se convierta en una enfermedad.

La postura corporal también tiene su papel aquí, porque el cuerpo está en un estado anímico. Mira la postura que tienen los hombros, si tu actitud es como si te derritieras entonces corrige, echa esos hombres adelante. Mira la postura de las personas que están así, como si se hicieran pequeños, con la cabeza agachada y también la expresión del rostro, la postura que tienen y el estado de ánimo. Las puedes ver erguidas haciéndose más grandes con los hombros atrás y la cabeza en alto.

Haz una prueba, encorva la espalda, coloca los hombros para adelante, agacha la cabeza, ¿qué sensación tienes?

Fíjate en esas sensaciones que comenzaste a sentir. Ahora cambia la postura pon la espalda recta y levanta la cabeza, con una postura erguida, ¿cómo es la sensación ahora? ¿Qué emociones surgen en tu interior?

Hay un libro llamado *El poder de la palabra* de Robert Dilts quien habla del concepto de *virus mental*, en su libro crea la similitud que hay entre las creencias limitadoras:

Nuestras creencias son generalizaciones que unen experiencias, valores, estados internos y expectativas, formando así nuestro tejido de la realidad.

De manera que el autor sostiene que las creencias limitadoras surgen cuando estas, creadas y separadas de alguno de los componentes, se hacen más limitantes y más difíciles de detectar y cambiar. Entonces, comienzan a percibirse como el territorio en lugar de percibirse como el mapa que se utiliza y transita por nuestro mundo de experiencias y enseñanzas.

De manera que la misma realidad, comportamiento, e incluso emociones, comienzan a construirse con esas creencias que limitan, a través de las propias experiencias que nos han sido impuestas por otras personas. La situación se hace cada vez más compleja. Esto sucede por ejemplo en los casos donde una persona que tiene una autoridad sobre otra, se impone. Por ejemplo, la relación entre el médico y el paciente, o los padres con los hijos.

Son virus mentales que pueden impedir la sanación biológica por las situaciones de estrés o ansiedad que se derivan de estados en enfermedades graves y que limitan la capacidad de curación del mismo. Hay personas que se han curado del cáncer con la PNL.

Briam Weiss, en su libro *Muchas vidas muchos sabios*, describe el tratamiento cómo una terapia regresiva en una paciente que emergió en los recuerdos a vidas pasadas le dieron la comprensión de los síntomas físicos, que tenían un origen en un nivel distinto al físico, de esta manera inició un proceso de curación.

La enfermedad física es el último recurso que dispone del organismo para avisarnos de un problema, tanto a nivel físico como emocional o mental, de eso que no somos capaces de ver.

Solo tenemos que escuchar el cuerpo, este siempre nos habla y nos dirá lo que necesitamos saber y lo que él necesita.

Todo comportamiento tiene una intención positiva

Todas las conductas tienen como objetivo conseguir un beneficio. En este caso la PNL distingue entre intención y propósito, y entre una conducta y el propósito en sí. De este modo una persona no es la conducta que tiene, la conducta nos parece negativa porque conocemos el propósito de esta. La PNL se encarga de darnos los medios para poder alcanzar los objetivos. Los medios alternativos más eficaces y las opciones como seres humanos que sustituyen las conductas con respuestas que limitan.

En el campo de la psicología una de las primeras premisas que aprenden quienes estudian es que hay una diferencia entre la persona y el comportamiento o su manera de actuar.

Dentro del marco terapéutico se analiza la conducta y cualquier comentario que esté enfocado a esta y nunca a la persona, teniendo esto en cuenta y sabiendo que la persona es quien lo ejecuta. Este punto del libro lo quiero destacar en una reflexión acerca de las presuposiciones.

Cada conducta tiene una intención que es positiva. Esto no quiere decir que se esté justificando el comportamiento de una persona o lo que la motivó a actuar de mala manera, no se justifica al asesino o el violador. No. Es entender la base o el motivo que le llevó a actuar de la forma en que lo hizo o hace.

Cualquier conducta responde a la necesidad que tiene un individuo a nivel consciente o inconsciente, y esta conducta es la forma de sacar a la luz tal necesidad. En este caso conviene siempre comenzar una ronda de preguntas que puedan guiarte a explorar mejor tus conductas y sus fuentes.

Resulta curioso que tras muchas preguntas es la propia persona la que llega a las respuestas que le hacen entender las acciones del otro y las suyas propias, acciones como cuando causa un daño o traiciona, o cualquier acto deleznable.

Todo esto según la concepción social que se guía por la necesidad de salvaguardar una parte de nosotros mismos y responder a las necesidades de un nivel superior. Todas estas necesidades se relacionan con la autopercepción, la autoconfianza, la autoestima y la autoconfirmación.

Cuando somos pequeños descubrimos que determinadas acciones consiguen que obtengamos lo que andamos buscando, nos vamos dando cuenta que las acciones pueden ayudarnos a lograr lo que queremos. Como cuando, por ejemplo, siendo niños lloramos y luego nos complacen, logramos una reacción. Entonces se relaciona esa conducta con el contexto y con el resultado de la misma, y en adelante la usamos para lograr nuestros fines.

Mientras se va avanzando con el tiempo, se mantiene la conducta y vemos los resultados que se obtienen. Los padres ahora no nos complacen, sino que nos regañan porque hacemos berrinche y depende del tipo de padres hasta una zurra nos llevamos.

Ahora la pregunta es: *qué cambió,* pues es muy fácil: El contexto.

Las conductas son funcionales en un contexto determinado, cuando la conducta no ofrece los resultados que se buscan entonces la clave reside en generar nuevas opciones por medio de la experiencia, para así valorar lo funcional y lo adaptativo que usábamos hasta el momento.

De este modo es que podemos entender que una persona que presenta una conducta que no va con nuestra cultura o no se adapta a la sociedad no es que vaya a hacer un daño, sino que responde a una necesidad mayor a través de los recursos de los que dispone. Cuando estos recursos no son suficientes, el objetivo de estar enfocado en aprender conductas alternativas y actualizar los recursos se manifiesta.

Cada persona hace lo que mejor puede hacer en base a los recursos de los que dispone.

Cuando una persona actúa de una manera y no logra que las cosas se den como esperaba, lo que puede hacer es:

- Indagar en cuál es la verdadera necesidad que pretende cubrir con ello. Descubrir la razón de lo que hace y el por qué.
- Comprender que los recursos que usa no son los adecuados porque no da ese resultado que está buscando.
- Encontrar los recursos y las conductas alternativas para ofrecerlas en su manera de ejecutarlas.

Nuestra manera de aprendizaje o rectificación ha sido a través del castigo, esto lo conocemos, pero no sabemos lo errado que podemos estar, es por medio del perdón y del amor que logramos llegar a la esencia de la persona y además de eso le ofrecemos recursos para enfrentar los problemas. Es allí donde hay una gran posibilidad de éxito para la persona.

La PNL nos abre la mente hacia una comprensión mayor. Entendemos que una persona que sufre y no actúa de forma adecuada, no es más que una persona que se halla en una situación de recursos insuficientes o de ignorancia.

Por nuestra parte, ofrecer información de sabiduría por medio de estas situaciones es lo mejor que podemos hacer. Cuando comprendemos esto, desde otra percepción conceptual es cuando de manera sencilla generamos nuevas conductas.

Se tiene que recordar también que la persona tiene que decidir transformar su vida, no se le puede obligar a poner una semilla para crecer, el deber reside en que se planten las semillas de la sabiduría posibles en alguien pero que ese alguien se decida a hacerlas crecer.

Dentro de la PNL se buscan formas de traspasar las conductas funcionales desde un contexto a otro contexto cuando los resultados no sean los esperados. La manera de conseguir esto dándonos cuenta del estado interno que tenemos y los recursos de cada situación que queremos cambiar, entonces los resultados también van a cambiar.

Es por eso que no tenemos que anular ninguna conducta, esto probablemente en un contexto sea funcional, pero en caso de no ser así, brinda la información de la sabiduría para poder observar las consecuencias y generar las conductas alternativas para que se puedan producir los resultados más favorables, esto puede ser la clave del éxito.

Todo comportamiento es útil en determinado contexto

Tenemos que analizar el comportamiento a la luz del contexto o el ambiente donde se desarrolla ya que de otro modo el comportamiento puede parecer ilógico, irracional o fuera de contexto.

El contexto es el entorno físico de una situación en particular en la cual se considera un hecho.

Esto puede ser:

- Material, que es algo que se presenció en el momento del desarrollo del hecho.

- Simbólico, que es el entorno cultural, histórico o el que aplique, es el conjunto de circunstancias en el que se produce el mensaje.

El contexto se constituye en un conjunto de circunstancias de lugar y tiempo que ayudan a comprender lo que se dice.

Un ejemplo de esto puede ser:

Un titular en un periódico: *Messi jugó,* esto no da la información competa que se busca para que el lector capte la codificación de esta. Pero si pone: *Leo Messi jugó en el estadio contra la selección Colombia y anotó seis goles,* esto sí que se puede interpretar porque incluye el contexto del tiempo y el lugar.

Las razones que forman cada contexto son muy específicas y pueden repetirse en otros momentos o lugares. Es imposible que todo aquello se agrupe del mismo modo y que tenga el mismo lugar o la importancia que en otros casos generan los mismos resultados.

El contexto se debe analizar con cuidado, como una realidad altamente específica y que no se compara con otras en la cual los fenómenos suceden.

El contexto viene a ser un conjunto de hechos en los que se produce el mensaje, con el tiempo y el lugar y la cultura de quien habla y quien recibe. Todo esto permite que se haga una comprensión correcta.

El comportamiento en la PNL dice que todo lo que se haga es adecuado para algún contexto. En un determinado momento cada persona tiene un comportamiento específico, y la respuesta o comportamiento ante circunstancias similares puede cambiar en otro momento.

A veces olvidamos este punto, por ejemplo, en el ámbito docente y el familiar, donde se castiga a un niño por algo que hizo y olvidamos decirle cómo es que se debe de hacer.

Según la PNL se repite el comportamiento que alguna vez se obtuvo de una actuación deseada.

La solución a los comportamientos no deseados es comenzar a cambiar los resultados no deseados y encontrar la manera de preguntar, investigar e imaginar lo que sucede, la alternativa más coherente es visualizar cómo hacerlo, en vez de realizar un análisis que sea largo e inútil de todo el comportamiento antiguo.

La opción que es la más apropiada es la que se escoge de acuerdo a lo que tiene disponible. Esto quiere decir que las personas escogen de manera deliberada y con consciencia la opción que es *errada,* pero hay una razón, un cómo y un para qué en cada una de las acciones.

Las personas cuentan potencialmente con todos los recursos necesarios para cambiar y para actuar eficientemente

A lo largo de la historia personal, cada uno de nosotros hemos acumulado experiencias de las cuales se pueden extraer los recursos necesarios para desarrollarnos como personas y afrontar con elegancia y flexibilidad cualquier circunstancia que se nos presente, hay muchos modelos de PNL que cumplen con esta función que buscan rescatar los recursos de la experiencia e instala herramientas necesarias para crearlos.

La vida es un cambio permanente, algunas situaciones se dan más fáciles y otras se dan con más soltura, a estas últimas le damos la bienvenida, pero con otras tenemos mucha resistencia.

Las resistencias son realmente un conflicto que no se ha resuelto, entre la parte racional y la emocional, entre lo que se quiere y lo que se debe y entre lo que nos impulsa y lo que nos frena.

El lado emocional que tenemos es un elefante y el que lo jinetea es el raciocinio. El elefante quiere la gratificación inmediata y se opone a la fuerza de voluntad del jinete para contener ese impulso y ve más a largo plazo. Planifica y piensa más allá del momento.

Para lograr un objetivo necesitas hacer cambios y con ello requieres de planificación, y será trascendental la dirección de ese jinete que controla la energía y determinación del elefante. Cuando solo se cuenta con el jinete hay comprensión y no hay motivación, cuando solo está el elefante se tiene pasión sin dirección. Ambos son necesarios.

Tenemos que poner a trabajar al jinete y al elefante y para ello te recomiendo estos consejos que te ayudarán a generar el cambio:

Para impulsar el cambio y que el elefante ponga la energía para moverse hacia él, tienes que fijar objetivos que sean atractivos emocionalmente y que a la vez estén bien definidos. Sino el jinete querrá rellenar lagunas que generen ambigüedad. O que hará que se ralentice el cambio.

La meta tiene que ponerte a andar, te tiene que atraer y enganchar, tiene que tener un significado para ti.

Ahora, en cuanto a la ambigüedad, esta es mala, genera ansiedad, parálisis y resistencia, es por eso que la meta y los objetivos se tienen que traducir en no muchas acciones y deben ser concretas, sencillas y claras. Cuando establecemos muchas opciones y se analizan, se debe elegir entre ellas para generar el cambio.

Ten en cuenta que el cambio solo puede generarse desde el movimiento. Y para que el jinete, es decir, para que tú mismo puedas ponerte en acción no tienes que darte muchas explicaciones, bastará con que trabajes tus emociones, te llenes de esperanza, de fe, de sentido respecto a los cambios que necesitas hacer. Por tanto, puede decirse que lograr los cambios necesarios para mejorar tu realidad y tu interacción con tal realidad dependerá de la motivación.

Concéntrate en un solo logro y esto servirá para iniciar el movimiento que te guiará hacia el cambio y a lograr los objetivos. Lo ideal es diseñar la acción de tal forma que la puesta en marcha no lleve mucho tiempo. Cuando logras un objetivo sigues hasta el final porque la motivación te impulsa.

El significado de nuestra comunicación se encuentra en la respuesta que obtenemos

Se relaciona con la flexibilidad que tenemos como comunicadores, esto implica que tenemos que ajustar y afinar nuestra comunicación para poder obtener las respuestas que queremos y no suponer que la falla se encuentra en quien recibe la información.

Cuando comunicamos un mensaje nos damos cuenta si llegó o no a lo que quisimos transmitir en la respuesta que recibimos.

Esta respuesta podría no ser satisfactoria, sin embargo, nos debe llevar a pensar si realmente estamos siendo eficaces en la comunicación. Esto aplica, incluso en la comunicación con uno mismo, es importante siempre evaluar cómo es nuestra respuesta ante aquello que percibimos, pues esa percepción ya es una forma de comunicarle a tu mente y cuerpo todo aquello que desde lo exterior vas asimilando.

Por tanto, se puede asegurar con convicción que el significado de la comunicación es la respuesta que obtienes.

Las personas responden a su mapa de la realidad y no a la realidad misma

Debido a los filtros que limitan la percepción solo podemos crear mapas de la realidad en nuestras percepciones internas y es con esa base que actuamos y respondemos.

Dado que las experiencias varían en las personas no existen dos seres humanos con los mismos mapas en el mundo. Cada persona tiene su propio mapa. Es por esto que cada quien tiene un modelo diferente del mismo mundo donde se comparte y por lo tanto se experimenta una realidad distinta.

No olvides que el mapa no es el territorio, el ser humano es quien vive en el territorio, según su propio mapa territorial.

- Un mapa es una interpretación del territorio no es el territorio como tal.
- Cada individuo responde a su mapa territorial no al territorio mismo.

- Cuando se tiene un mapa adecuado se puede ir de un lado al otro con éxito.

Las palabras, las imágenes y los sonidos o situaciones permiten encontrarle un significado o connotación al contexto en el cual interactúas.

Sin embargo, a su vez cada significado dependerá de las vivencias o experiencias que se hayan tenido.

El mundo tal y como lo conocemos lo percibimos en la realidad y lo vivimos en lo que nosotros hemos creado debido a la interpretación de la misma. Incluso, de por sí ya la interpretación del mundo entre las especies es todavía más extrema o distinta, por ejemplo, no es lo mismo una visión que tiene el ser humano a la que tiene un águila o un gato, aunque estén en el mismo lugar y tiempo. Por tanto, el mapa no es el territorio, pero se vive en el mismo lugar. Estas experiencias son completamente distintas. Sin irnos tan al extremo, ya se ha explicado también cómo entre dos personas, dos seres humanos, puede existir una gran diferencia entre la forma en la que percibe, interpreta y manifiesta cada aspecto de su realidad. Por eso son las vivencias o experiencias las que le dan dirección a la percepción, interpretación y manifestación. Así que, en resumen: el mapa, la interpretación, la percepción, todos son elementos que depende de cada persona, de su idea sobre la realidad, siendo entonces el territorio la realidad, que puede ser un objeto, una melodía o sonido, un evento, una situación. Tantas cosas.

Ahora hagamos algo, vamos a imaginar una araña. ¿Qué sientes al imaginar esa araña? Para algunos la araña no puede significar nada malo, tampoco nada bueno. Otros pueden sentir pánico, ya sea que tenga la fobia o haya pasado una mala experiencia.

Es por eso que para cada situación hay un ruido, imágenes, palabras, lo que sea que le da una interpretación según las vivencias y los recuerdos. Y no siempre ese ruido, imágenes y palabras coinciden con las experiencias de otros, ni si quieres con las experiencias de la misma persona frente a, por ejemplo, una araña en distintas circunstancias y contextos.

Por lo dicho anteriormente, hay muchos mapas e interpretaciones, así como personas en el mundo, todos pueden actuar de maneras distintas. Cada interpretación es igual de válida que la nuestra, cada persona ha tenido que vivir situaciones que son únicas.

Todo lo que te he estado compartiendo hasta ahora, es con la intención de que entiendas que no debes cerrarte ante otras interpretaciones de los mismos eventos. Puede que hasta ahora un despido haya sido para ti algo fatal y frente a las variables que te hacen identificar una amenaza de despido te bloquees y comiences a actuar de forma en la que te conviertes en un candidato perfecto para ser despedido. Pero si miras esa experiencia por la que pasaste desde otro punto de vista, entonces ante la amenaza de un nuevo despido tu actuación será distinta, y más bien puede que aproveches esos momentos de crisis para hacer notar tu valor. Esto es solo un ejemplo, así que es importante que no nos cerremos con el mapa o la interpretación, sino que nos abramos a más posibilidades. Este mismo principio aplica a comprender a otros, es decir, saber que otros rigen sus conductas por mapas que no comprenden tal vez, o que sencillamente han aceptado como la única ruta para actuar. Así que aprende a ser más tolerante y empático.

Por eso, es importante comprender las relaciones y aprender nuevos procedimientos para solucionar los obstáculos que se nos van a ir presentando, es muy necesario. Es importante que abras las perspectivas ya que nadie tiene la verdad de lo que sucede en el entorno o de cómo actúa en determinadas situaciones.

Algo importante para tener en cuenta es que la mente consciente es la mente objetiva, es lo que ya hemos determinado y cómo vemos la realidad, y es precisamente lo que puede impedirnos abrir las perspectivas hacia otras realidades. Sin embargo, no tiene por qué ser así. Para ello debes aprender a utilizar la subjetividad, o la mente subjetiva, que se manifiesta en la capacidad de imaginar, visualizar, hacer esos ejercicios que ya te he comentado en páginas anteriores y que te ayudarán a ver más allá de lo que crees evidente.

Claro que es una lucha que debe ser diaria, porque como ya he comentado, y en esa batalla el cerebro puede verse obligado a filtrar la información que vas procesando, esto quiere decir que las cosas que vemos, escuchamos o sentimos siempre serán filtradas, es casi un proceso automático una vez que ya has predeterminado, inconscientemente, tus filtros.

De manera que, el conjunto de filtros que se crea en nuestro mapa de percepción o la interpretación del mundo depende también de tus experiencias, alguno está tan fijados se crea toda una distorsión mental en muchas facetas de la vida, llegando a convertirse en problemas graves de comprensión de procesos mentales.

Así que la realidad como tal, es la representación que has creado en la mente sobre esa realidad, es lo que ves a través de tu ojo y filtro. Es una representación, es una manera de ver la realidad.

Uno de los saltos cuánticos que modifican la manera de pensar y vivir la vida es lo que provee el principio de la PNL del mapa, pero no del territorio, la gente toma decisiones que cree que son convenientes según la forma de ver el mundo y los filtros y allí se comienza a dejar de juzgar.

Finalmente, cada persona tiene su propio mapa mental y no se puede pretender que se vean las cosas desde el nuestro, tampoco pedirles que te vean como a ti te gustaría ser visto.

Para las relaciones interpersonales, la PNL a través de las presuposiciones operativas establece que cada uno tiene su propia verdad, no existe una verdad que sea única. Cada uno tiene su verdad supeditada a la forma de ver el mundo por medio de su propio mapa. No existe una verdad que sea única, cada quien tiene su propia verdad, tú verdad no es la mía. Aunque tu realidad pueda ser parecida a la mía y podamos tener acuerdos en muchas cosas, la representación que tú tienes no es la misma que tendré yo del mundo, por eso es que el mapa no es el territorio.

El estado anímico y el mapa

El estado de ánimo influencia la calidad y la claridad del mapa, cuando se tienen pensamientos negativos, y no te centras en ver el caso con ojos de vaso medio vacío, entonces el cerebro se centra en lo que es negativo y luego esa información pasa por filtros de negatividad que no te van a ayudar como realmente esperas para salir de ese mal momento donde no eres el mejor que esperas ser.

Cuando tienes un entorno que no es favorable o que es malo, puedes llenar el cerebro con información que no es la mejor para ese momento. No esperes que las cosas mejoren como por sí solas, tienes que poner el cerebro a dieta de información negativa, porque esa información no está haciendo más que lastrarte y pudriéndote el mapa que estás construyendo para dirigirte de allí en adelante en situaciones similares. Eres el artífice y el protagonista de tu bienestar y así que debes darle un mejor significado a todo cuanto te acontece, uno que sea apropiado, constructivo y positivo.

Todo esto es la presuposición de que el mapa no es el territorio, esto no lo olvides, por eso lo repito tanto. Es la base para los procesos del crecimiento y la potenciación personal.

Esto denota la capacidad que tiene el cerebro para incrementar la neuroplasticidad ósea la capacidad que tienen las neuronas de regenerarse y hacer conexiones que se traducen en estimular y mejorar los procesos de transformación.

El estrés y el sentirse con desdicha no es una característica del ambiente. Es el estrés y la desdicha que vive la mente de los estresados y las personas deprimidas, lo que quiero decir es que no son características que sean inherentes al ser, sino que se adoptan, aceptan y manifiestan precisamente por la interpretación que se le da al contexto, lo que termina viciando desde las emociones, sentimientos, hasta el mismo comportamiento y estado de salud.

Tu objetivo es buscar ser feliz. Tienes que aprender a incorporar actividades que promuevan el buen humor, como por ejemplo el deporte. Estas actividades disparan la felicidad, y esto se debe a la liberación de las endorfinas que provoca el ejercicio físico y otro tipo de actividades en grupo.

También se puede incorporar la información productiva y positiva en nuestro día a día. Sea que se haga con audios con videos, libros, que aporten las experiencias y los conocimientos que se apliquen a nuestra vida y que orienten nuestro dialogo interno, estimulando así el crecimiento y la perspectiva mental, ayudándonos a dejar de lastimarnos a nosotros mismos por lo que hicimos o no.

Muchos de los conflictos relacionados son causados con cada una de las partes. Se puede imponer la visión del mundo o un mapa sobre otro.

También se puede afectar la propia percepción de ti mismo, si tienes mapas o interpretaciones erradas que afectan tu bienestar.

No ayudan las personas tóxicas del entorno, es aconsejable que se maneje la fisiología cuando se incorpora información positiva y alegre a nuestra vida. El mapa cambia en consecuencia a como vemos las cosas. Es así que estaremos de mejor humor y va a ser posible que se den las soluciones donde antes no se daban si, precisamente, nos rodeamos de buenas personas.

Cita de Richard Bandler sobre los Mapas:

"El punto central es que las personas están sufriendo, no porque el mundo no sea lo suficientemente rico como para permitir que satisfagan sus necesidades, sino porque su representación del mundo está de tal modo empobrecida, que no ven salida posible. Por consiguiente, nuestra estrategia como terapeutas es vincular al cliente con el mundo, de modo que tenga ante sí un conjunto más rico de alternativas.

En otras palabras, debido a que el sufrimiento de nuestro cliente se originó al crear éste una representación empobrecida del mundo, olvidando que es sólo una representación y no el mundo mismo, el terapeuta ayudará a su cliente a cambiar cuando éste llegue a comportarse de un modo inconsistente con su modelo, enriqueciendo, por lo tanto, su propio modelo".

Anécdota de Alfred Korzybski:

El señor Alfred tenía que dar una conferencia a unos estudiantes, el lingüista quiso hacer una demostración que era bastante graciosa a modo de práctica en los asistentes que ejercen palabras sobre nosotros.

Alfred decidió interrumpir la conferencia que daba para sacar un paquete de galletas que estaba envuelto en un papel color blanco. El hombre se disculpó diciendo que no había tenido tiempo de comer esa mañana.

Les preguntó a los asistentes de los asientos delanteros si querían galletas y varios aceptaron. Al fin y al cabo, se las estaba ofreciendo el señor Alfred. Prácticamente todos hubiéramos aceptado esa galleta. Todos masticaban las galletas, hasta que Alfred rasgó el papel blanco y se mostró que dentro había un paquete de galletas para perros.

Se dice que varios de ellos salieron corriendo tapándose la boca por las arcadas cuando hacía instantes se saboreaban de gusto. El mapa cambió de manera radical, entonces Alfred dijo

Vean señoras y caballeros, acabo de demostrar que la gente además de comer el alimento, come también las palabras, y que el gusto de lo primero es superado a menudo por el gusto de lo último.

Con esto, que fue una broma, demostró que muchas veces el sufrimiento humano se origina por las representaciones lingüísticas de la realidad.

No existen fallas en comunicación, sólo retroalimentación

Cuando la respuesta que se obtiene no es la que se espera, debemos tomar la respuesta que sea útil, que nos proporcione retroalimentación para modificar el desempeño y conseguir los resultados que se desean.

Si es posible para alguien, es posible para mí

La identificación y la creación de modelos eficaces nos llevan directamente a la excelencia. Cuando alguien tiene la capacidad de hacer algo se puede extraer el modelo o las estrategias que le den fundamento a esa capacidad para enseñarlas e instalarlas en otras personas.

La PNL tiene modelos para poder identificar las capacidades o habilidades de las personas que luego duplica en otra persona lo que ya es.

Procesamos la realidad a través de nuestro cuerpo-mente

Somos nosotros quienes creamos las experiencias y los responsables de las experiencias que se provocan en nosotros, tal como diría Marco Aurelio *Si te sientes angustiado por cualquier cosa externa, el dolor no se debe a la cosa en sí, sino a tu propia estimación sobre ella* entonces ahora tienes el poder de eliminarlo cuando quieras, respecto a este estado de ánimo puedes hacer que la experiencia suceda y el hombre la haga suceder.

Si algo no te funciona, para qué seguir haciéndolo

Esta es una presuposición que tiene que ver con la flexibilidad que queremos conseguir en nuestros objetivos. Constantemente estamos buscando corroborar el resultado esperado que no se alcanza, y así nos damos cuenta de que debemos empezar a emplear estrategias con otros medios distintos. Hasta que se logre dar con el objetivo propuesto, cada intento que se falla es un descubrimiento, es una forma de lograr los objetivos y el proceso del aprendizaje.

Capítulo 5. Los Metaprogramas, ¿qué son y cómo te sirves de ellos?

Vamos a por el inicio, y conozcamos la historia de estos metaprogramas que emergen como parte de la PNL a fines de los años 70. Son un grupo de patrones que inicialmente fueron presentados por Richard Bandler como formas de mantener la coherencia con otros programas menores. Hay investigaciones posteriores de Leslie Cameron, David Gordon, Robert Dilts y Maribeth Meyers que ayudaron a definirlos como programas que guían y dirigen otros procesos.

¿Qué son?

Los metaprogramas se definen como los típicos patrones de estrategias o estilos de pensamiento de los individuos y culturas o grupos. Los metaprogramas muestran cómo diferentes personas de la misma estructura cognitiva en lo que se refiere a las estrategias terminan con resultados muy divergentes.

Como ejemplo se pueden considerar a las personas que comparten la estrategia de decisión de sentimiento derivados de una construcción o un recuerdo visual. Aunque una de ellas puede decir que ve diversas imágenes, elige la que siente que es mejor para ella. Por otra parte, no se puede quejar diciendo que ve distintas imágenes y luego se confunde con ellas.

Los metaprogramas tratan de explicar la razón por la que estas personas tienen unas respuestas diversas con la misma estrategia, cómo al tener las mismas estrategias tienen diferentes resultados la diferencia en esto es parte de los patrones que están fuera de la estrategia. Lo que es igual a decir que el patrón de decisión es a la estrategia o el programa interno y de allí el nombre de lo que es metaprograma.

Metaprogramas como filtros

Con los metaprogramas y las submodalidades se determinan las calidades de la relación entre las experiencias y la información que está siendo representada como una estrategia en particular. Esto determina también el lugar donde pondremos atención y operaremos finalmente un filtro más.

Las características de las personas se definen por programas internos que se llaman metaprogramas y nos muestran esos filtros que deciden el modo que será la actitud ante el hecho que tienen frente a ellas.

Los metaprogramas tienen la finalidad de formarnos con las representaciones internas y con la base con que hacemos que las elecciones nos den la pauta para decidir lo que consideraremos agradable o desagradable, en esto influyen los puntos que tenemos de referencia y que consideraremos beneficioso, desfavorable o peligroso, lo que agrupan las experiencias y los recuerdos conforme a las estructuras fijas.

La importancia de los metaprogramas

Es claro que debemos manejar la importancia del conocimiento tanto para nosotros como para los demás. Quiero dejarte información teórica donde hablemos del conocimiento sobre este punto, sobre los metaprogramas, aunque es con la práctica y la observación que podrás predecir la actitud que quieres tener ante la vida, ante ti y ante los demás. Como hemos dicho, tus actitudes, el comportamiento y las elecciones, puede mejorar notablemente con la comunicación, el conocimiento y los metaprogramas, lo que te servirá también como una clave para llegar a los demás.

La neurociencia de los metaprogramas

Debes percibir los metaprogramas como unos bloques que son programas básicos que determinan la personalidad que tienes, los aspectos externos que hacen esa personalidad. Esto se muestra de manera clara en la fisiología y son condicionales los unos con los otros. Es decir que se encuentran anclados. El comportamiento, el movernos, las posturas que se adoptan, la gesticulación en función del uso arraigado de los metaprogramas, son detalles que debes conocer bien.

Es por ello que hay que mirar los movimientos, los gestos y las posturas, para que se pueda identificar el metaprograma que está en operación. Los filtros son las manifestaciones más superficiales y las que se hacen sin que nos demos cuenta. Están en el sistema de procesamiento interno y en conjunto determina la personalidad que cada uno de nosotros tenemos.

Cuando esta información es procedente del exterior, entonces se llega al córtex donde finalmente será procesada en primer lugar por los filtros de los metaprogramas, luego recorre los sistemas de criterios y las creencias y los valores que han sido previamente construidos en torno al rasgo principal de la persona. Esto de manera directa se relaciona con el conjunto de traumas emocionales que están presentes en cada persona y que le ha ido marcando en diversas etapas de la vida cuando ha sucedido, pero especialmente esos que sucedieron en los primeros años de vida.

Esto podría ser una aproximación al mecanismo de cómo funcionan los procesos mentales dentro del sistema integrado de cada persona, aunque también hay razón en que a estas alturas no tendríamos que permitir que los árboles nos priven de contemplar el bosque, o lo que es lo mismo que por querer comprender o darles simpleza a los programas mentales lleguemos a la especialización simplista de la ciencia. No olvides que el hombre es un sistema que se desarrolla y que como tal tenemos que tratarlo.

La polaridad de los metaprogramas

Ten en cuenta esto cuando consideres los diferentes metaprogramas que, como en todos los aspectos que conciernen al ser humano, nada es blanco o es negro, en los casos extremos solo son menos comunes. Siempre hay varios metaprogramas dominantes, que a veces pueden ser incongruentes entre sí. Lo que origina contradicciones internas.

Otro de los aspectos que tienes que mirar es el del estado emocional y las diversas etapas de la vida de una persona, que es determinante para el uso de metaprogramas con referencia a otros. Ten claro que no hay un metaprograma que sea mejor que el otro, cada uno tendrá una acción y dependerá de las circunstancias, el lugar y tiempo, la consecuencia de este.

Pares de metaprogramas

Metaprograma orientado a los objetivos y alejado de problemas

Es cierto que todos tenemos la tendencia a acercarnos a eso que nos causa un agrado o un beneficio y nos alejamos de los problemas y lo que no nos gusta. Hay distinciones a las que hay que prestarles atención.

Tienes que preguntarle a una persona respecto a algo en particular y ver la respuesta que te da. Unos dirán lo que quieren y otros responderán lo que no quieren. Estos prefieren evitar las confrontaciones y se muestran cautos. Consideran que el mundo es algo inseguro, donde corren peligro y lo mejor es cuidarse. Buscan estar atentos a todo lo que pueda causarles algún problema, esto le motiva el temor al castigo.

Quienes se orientan a los objetivos piensan y se expresan en función de los logros, son personas positivas y optimistas, sienten motivación y aman los premios, el deseo de alcanzar las metas y en los casos más extremos suelen ser imprudentes, algo irresponsables y aman la competencia.

Marco interno y marco externo

Las personas que tienen metaprogramas en el marco interno son personas autorreferentes, no necesitan que los demás les confirmen, o les valoren. Cuando han hecho una cosa que está bien lo sienten en el fuero interno y no les afecta las críticas ni las alabanzas. Son personas que juzgan por sí mismas. No le dan gran importancia y pueden ser difíciles de convencer, especialmente cuando el argumento es una opinión ajena o la referencia a lo que otros han hecho en circunstancias similares.

Por el contrario, cuando tienen un marco de referencia externo, necesitan de la aprobación de los demás, piden opiniones y citan autoridades, esto es porque en el fondo no confían demasiado en el propio criterio.

Pueden reconocer este metaprograma preguntando a alguien cómo sabe que lo que ha hecho está bien, y si el marco es interno y dirá que lo siente así. En cambio, cuando preguntas a uno que se rige por un marco externo, este dirá lo que cuenta porque fue premiado, recompensado o elogiado.

Es claro que esto es relativo, ya que el marco de referencia está condicionado por el contexto. Es fácil tener la seguridad de uno mismo si se actúa en un campo que se tiene experiencia. Al contrario, cuando se es un principiante o se está en un entorno que es desconocido, pero comprensible, y donde necesita apoyo en la opinión de los demás.

Metaprograma Self / Others

Este metaprograma se manifiesta cuando se está orientado hacia sí mismo, y desde allí se relaciona con los demás, privilegiando los propios intereses, ya sean estos emocionales o afectivos o económicos. Por el contrario, cuando se tiene un metaprograma *other*, se hace que los demás sean un punto de referencia, las conductas se orientan a los demás, incluso en perjuicio de los intereses propios.

Los extremos son poco comunes, estos oscilan entre lo que es el egoísmo extremo y la anulación de la propia identidad, la inclinación entre *self* y *others* se hace de manera dinámica.

Se dan circunstancias como es el caso de una madre que tiene unos hijos pequeños, en donde privilegia a los demás y otra en la que uno es el centro de la propia atención. Lo clave aquí es que se detecte el metaprograma predominante en el momento de tomar una decisión.

Semejanzas y diferencias en los metaprogramas

Respecto a las semejanzas y diferencias, hay que tener en cuenta que existen quienes se deciden por las semejanzas, sin personas que en primer lugar buscan los parecidos, sin pararse a reparar en las diferencias, captan la atención que conviene o buscan destacando las similitudes. Buscando eso que se han propuesto.

Otros, por su parte, buscan lo diferente, lo que es original, de esa forma sienten que pueden comunicarse como ellos creen conveniente y destacan lo que es novedoso.

Es fácil distinguir este metaprograma, lo que necesitas hacer es pedirle al interlocutor que describa las relaciones entre una serie de cosas. Así podrá captar si repara las semejanzas o diferencias.

También cuando se escucha un discurso, puede haber personas con metaprogramas de semejanzas o de diferencias, los primeros dirán que *es igual a… oírlo me recuerda a… como lo hemos hecho siempre…* Los otros dirán *algo nunca visto… esto es inédito… único…*

En algunos casos puede ser más fácil identificar a quienes captan las semejanzas, y, generalmente los que eligen las diferencias, vienen a ser como los abogados del diablo. Aunque puede ser más difícil tratar con ellos, el aporte que dan es importante porque advierten cosas que a otros se les pasa por alto.

Metaprograma general/específico

Cuando segmentamos la realidad, esto se determina por el metaprograma general y el estilo específico. Cada persona tiene una declinación o preferencia, esta que percibe y puede ir más allá de lo general, y hasta lo específico, o viceversa.

Las personas que prefieren un metaprograma general, perciben a grandes rasgos sin entrar en detalles y así se involucran en la realidad a grandes pasos, estos les dan importancia a los grandes lineamientos y suelen considerar los detalles como una pérdida de tiempo. Captan las totalidades y esto se puede advertir en sus discursos, con los que globalizan y exponen a grandes rasgos, y en un panorama general, todo.

Las personas que prefieren un metaprograma específico segmentan la realidad en partes más pequeñas son personas analíticas y detallistas. Ellos tienen el concepto general como algo sin importancia. Ven parcialidades para construir una imagen global y necesitan juntar pequeñas partes. Estos se expresan diciendo las cosas en detalle, de manera exacta y precisa, paso a paso. Son las personas que buscan ese detalle en todo.

La interacción entre una persona con un metaprograma general y un metaprograma específico puede ser un tanto complicada, a menos que una o dos sea consciente de los metaprogramas.

Para quienes usan el metaprograma general, los detalles sin el contexto global que los agrupe, carecen de sentido. Mientras que las personas con un metaprograma específico toman los conceptos generales con poco interés y esto les ocasiona muchas veces la desatención en el discurso del otro.

Lo esencial es saber elegir el metaprograma que se desea utilizar de acuerdo a la situación o el contexto donde nos encontremos. Porque cuando eres consciente de este par a nivel de metaprogramas, entonces puedes capacitarte para hacer uso de uno o del otro, o hacer una combinación entre ellos para lograr una mejor comunicación.

Esto es útil y junto a otras herramientas que brinda la PNL se puede establecer Rapport en la interacción con otros.

Metaprograma Necesidad – Posibilidad

Hay quienes se resignan a dejar atrás los deseos, porque solo se centran en necesidades inmediatas, así que aprenden a silenciar los deseos y a renunciar a ellos, perdiendo así la motivación. Estos se relacionan consigo mismos, y se perciben a sí mismo a base de la necesidad, así que por ese filtro pasan todas sus decisiones. Algunas de las frases o creencias negativas más frecuentes son: *es lo que hay… más vale malo conocido que…*

A otros no les importa tanto lo que deben o necesitan para hacer, sino que buscan opciones y experiencias y elecciones, no le temen a lo que es desconocido, sino que, por el contrario, se motivan con la búsqueda de las nuevas posibilidades que son audaces e imprevisibles.

Metaprograma Independencia – Cooperación

Este es un tipo de metaprograma que se advierte en mayor medida en los ámbitos laborales, aunque también en los familiares. A quienes se rigen por metaprograma de independencia, les cuesta integrarse en un equipo, estos tampoco trabajan a gusto con una supervisión demasiado estrecha. Por lo general prefieren trabajar por cuenta propia y quieren ser su propio patrón.

Quienes están orientados hacia ser cooperadores les gusta compartir la responsabilidad en el trabajo y necesitan interactuar y tener feedback.

Hay una tercera opción que es entre la independencia y la cooperación, la proximidad de aquellos que prefieren trabajar en grupo, asumiendo la responsabilidad exclusiva para todo lo que hacen.

Metaprograma Opciones – Procesos

Como en el anterior metaprograma, se advierte principalmente en el ámbito laboral, en primer lugar, están los que prefieren las opciones, son aquellos que no se sienten cómodos con las instrucciones demasiado precisas, estos quieren experimentar y buscar nuevas posibilidades.

En cambio, los orientados a los procesos necesitan del manual de instrucciones, cuanto más detallado sea pues es mejor, porque se apegan a una manera de hacer las cosas y les cuesta asimilar novedades.

Metaprograma Orientación En El Tiempo: Pasado – Presente – Futuro

Todos conocemos a personas que tienen una orientación hacia el pasado, son personas conservadoras que cuidan las tradiciones y se resisten a los cambios, para ellos *todo tiempo pasado fue mejor* y siempre tienen la nostalgia en la boca *en mis tiempos…* y frases más lapidarias, como: *esto antes no se veía… siempre esto se hizo así…*

En cambio, otros viven proyectados hacia el futuro porque son progresistas, porque se entusiasman con los cambios y a veces por el cambio en sí.

No se detienen a mirar si son útiles o no, tienen encanto por las novedades y para ello todo mejorará con el tiempo. Siempre tienen frases como *mirar siempre hacia adelante... el cambio no espera… todo avanza…*

Hay otros que se orientan en el presente, a lo mejor en menor cantidad y viven el aquí y el ahora, conscientes del pasado que ya fue y el futuro no ha llegado.

Viven de manera intensa el momento y esto demuestra las frases que son habituales: *Aquí y ahora* o unas más determinantes: *ahora o nunca…. Hay que vivir el momento.*

Metaprograma Intuitivo – Sensorial

La persona que es intuitiva se interesa en obtener una visión del conjunto y las relaciones entre las diferentes partes, así como también por las consecuencias que de todo ello se pueda derivar en el futuro. Aunque puede pasar por alto detalles importantes.

Quien es sensorial vive el aquí y el ahora y quiere resolver las situaciones del momento sin tener que preocuparse por el significado dentro de un contexto más amplio. Por eso a veces tiene una visión de totalidad.

Metaprograma Reflexivo – Emotivo

La persona que reflexiva se disocia y basa los juicios en las decisiones y los criterios objetivos. Usa a menudo el diálogo interno y considera el tiempo como algo que transcurre fuera de él.

En esta categoría se encuentran los hombres de negocios, los políticos y los mandos del ejército.

Lo emotivo se asocia con el pasado, con los juicios y las decisiones en vivencias personales y en sensaciones que se originan a partir de ellas, se encuentran inmersas en el tiempo, el pasado lo ven de una manera más real que el presente y el futuro no existe, ya que no lo han vivido aún.

Metaprograma Introvertido – Extrovertido

El introvertido se vuelca a sí mismo y suele tener una rica vida interior, pero le cuesta la comunicación, todo transcurre en el interior.

El extrovertido por el contrario se declina hacia afuera. Su comunicación es fácil y suele ser simpático y divertido, teme la soledad porque al estar solo se siente vacío.

Metaprograma Especial: Estilos De Elección Primarios

Estos metaprogramas se refieren a las actitudes y los llamados estilos de elección primarios, que actúan a un nivel más superficial y que indican preferencias, aunque esta parte es relativa, porque a fin de cuentas éstas marcan diferencias y configuran actitudes. La otra gran diferencia con relación a los demás metaprogramas es que todos se presentan como pares de polaridades extremas, pero los estilos de elección primario presentan más opciones a saber.

Estilo de elección: gente

Cuando se interesan por los demás son sociables, son personas que se consideran por los sentimientos ajenos y les gusta relacionarse.

Les gusta la predilección por los vínculos y de este modo puede que le cueste más dejar un trabajo o una relación, aunque esto no le conviniera. La diferencia entre los *others* y los que poseen un estilo de elección hacia la gente es que a estos les gusta estar con la gente, pero no actúan para la gente. Buscan interesarse por lo demás, pero no se condicionan por ellos.

Estilo de elección: lugares

Les importa el entorno físico, sienten atracción por los paisajes, los climas las edificaciones y las decoraciones. Cuando les gusta un lugar suelen apegarse a él. Aunque les cueste una mudanza lo hacen solo por estar allí.

Estilo de elección: objetos

Le atraen las cosas materiales, coleccionan y adquieren, aunque no necesiten nada de eso, son de los que visitan un lugar nuevo y van primero al shopping, a veces tratan a las personas como objetos.

Estilo de elección: información

Antes de emprender algo necesitan la recolección de la información, son personas que estudian de manera desenfrenada y tienen muchos conocimientos, pero nunca se sienten lo suficientemente preparados para aplicarlos. Suelen gustarles recorrer museos, bibliotecas y juntar folletos y documentos para coleccionarlos y tener conocimientos.

Estilo de elección: actividad

Están siempre en acción, necesitan estar produciendo, participar de muchas cosas y plantearse objetivos. Son personas que se sobre exigen y están con agotamiento y siempre apurados. Andan activos todo el tiempo en una actividad constante.

Estilo de elección: tiempo

Se orientan todo el tiempo en función al reloj y al calendario, para ellos todo es tiempo, fechas, días, horas, planifican las actividades con mucho detalle y con la duración estimada en cada actividad, para poder recordar situaciones del pasado con fecha exacta.

Siempre tienen una agenda para todo.

Para saber cuál es tu estilo de elección primario toca imaginar esto: una fiesta a la que eres invitado, no estás seguro de ir porque te falta información, ¿Qué sería lo primero que preguntarías?

Finalmente

Poder sin límites es un libro de Anthony Robbins que dice en una parte:

Lo más crucial y que conviene recordar es que la diversidad de metaprogramas que uno sea capaz de percibir no tiene otros límites que los dictados de su sensibilidad, su agudeza y su imaginación. Una de las claves del éxito en cualquier aspecto es la capacidad de realizar nuevas distinciones.

Los metaprogramas proporcionan las herramientas que permiten las distinciones cruciales para decidir cómo tratar con los demás. Conviértase en un estudioso de esas posibilidades. Mida y calibre constantemente a las personas que lo rodean. Tome nota de los patrones de que se sirven para su percepción del mundo.

Capítulo 6. ¿Cómo funcionan las personas?

En este último capítulo te quiero hablar del funcionamiento de las personas y el modo en el que se desarrollan, abordaré diversos conceptos para que se pueda concretar lo que quiero contarles.

¿Qué es Rapport?

El Rapport es una herramienta que brinda la PNL para generar la empatía con las demás personas. Entre más diferentes son otras personas a ti más útil es el Rapport.

Cuando conversamos con otras personas no somos conscientes de los gestos que de manera consciente e inconsciente generamos y recibimos de los demás. Cuando se encuentra a una persona que a nivel inconsciente se comunica de manera parecida, entonces nos sentimos a gusto y cómodos, esto es el Rapport.

Otra manera de explicarlo aún más simple es que es el control del lenguaje verbal y no verbal para conseguir un ambiente de confianza entre los interlocutores.

De esta manera es posible tomar ventaja en la comunicación con otras personas o un grupo de personas. Pudiendo mostrar o dejar de mostrar los sentimientos como el estar nervioso. La manera de lograrlo es reprimiendo aquellas conductas y comportamientos que muestren ese sentimiento.

Llevarlo a cabo de manera correcta es complejo, ya que exige un gran conocimiento de uno mismo. La principal ventaja de esto es que como actúas en una situación en la que te encuentras eres capaz de definir las actitudes y el comportamiento en los posibles escenarios. Como el tener nerviosismo desconfianza, miedo, alegría o interés.

También se pueden reprimir o potenciar según sea el interés para mostrar a los demás lo que se quiere comunicar.

El objetivo del Rapport es crear sintonía y lograr la sinergia con la persona o las personas con las que se está interactuando, con esto se genera un ambiente lleno de confianza que provoca que los demás se sientan cómodos y a gusto a tu lado o en el grupo donde se encuentren.

De esta manera se genera un ambiente lleno de confianza y una conexión que de alguna forma provoca que la otra persona se siente en comodidad contigo y sea más asequible y genere una mejor impresión de tu parte.

Esto se explica fácil, y también se hace fácil. Para conseguir que un Rapport sea efectivo se tiene que adoptar de manera discreta las pautas del lenguaje analógico de la otra persona. Para hacerlo se imita la postura y aquellos pequeños gestos de tono, cadencia y volumen de la voz, lo que podrá generar un ambiente lleno de sintonía y confianza al que se hace referencia.

Sin embargo, dependiendo de con quienes te rodees, con quien interactúes, deberás hacer uso de esta técnica. Por eso es que es importante conocerse a sí mismo, como también a la persona o grupo de personas con la que queremos comunicarnos. De esta forma sabremos cuál es el lenguaje no verbal apropiado para generar seguridad y confianza entre las partes.

El Rapport está tan vinculado a la calibración por medio a la observación, de manera que es a través del análisis a tu o tus interlocutores que lograrás saber qué tipo de comportamiento adoptar.

En resumen, dominar estas herramientas o técnicas de programación neurolingüística que hemos venido abordando a través de estas páginas, la VAK o la calibración o esta Rapport, será de gran beneficio porque te permitirá desarrollar tu máximo potencial comunicativo y alcanzar mayores ventajas competitivas en reuniones de trabajo, entrevistas y exposiciones al público.

Ejercicios de Rapport

Para que comprendas mejor el Rapport te dejo unos ejercicios muy prácticos que puedes poner en marcha ahora mismo.

Primer ejercicio

La próxima vez que estés con amigos, tu novia o con una persona con la que ya te entiendes muy bien, por un momento toma consciencia del lenguaje corporal de cada uno. Mira la postura donde apoyan las manos. Esto mostrará que están en Rapport. Si cambias de postura de inmediato mira si te siguen, si eso ocurre es porque lideras, de cierta forma.

Segundo ejercicio

Cuando vayas, por ejemplo, a una reunión de negocios o cuando intentes vender algo, o estés en una entrevista laboral, o cuando tengas que hablar con tu jefe, busca adoptar una postura que muestre que estás tranquilo. Que sea la misma postura de la otra persona. Busca colocar el cuerpo de la misma forma. Si la persona habla alto, haz lo mismo. Sin que con esto cambies el mensaje, solo imita el volumen y la velocidad.

Si habla despacio entonces tienes que hablar despacio, si es rápido pues rápido, y así, imita la velocidad de la voz. Asegúrate siempre de conversar de manera empática y es allí cuando puedes pedir el aumento de sueldo o eso que te haya llevado a esa reunión.

¿Cómo crear el RAPPORT?

Ya conoces qué es Rapport, y cómo llevar a cabo sencillos ejercicios, sabes cómo crearlo o proponerlo mediante tu lenguaje corporal y movimientos, sin embargo, debes pasar desde estos ejercicios, hacia la interacción día a día y poner en práctica los principios.

Cuando se habla de las terapias psicológicas en muchas ocasiones se puede pensar en las técnicas que estas implican y los procesos de evaluación de las actitudes y las capacidades y el enfoque que se utiliza para una consulta en particular.

Claro, todo esto es muy importante a la hora de delimitar nuestro comportamiento y los objetivos que se esperan con ellos, la idea es lograr captar la esencia entre las partes.

Es por ello que quiero que conozcas mejor el Rapport y lo utilices en tu vida diaria para que trates con las personas que te consigas alrededor.

En este sentido, debes hacerte consciente que Rapport también hace referencia a la dinámica de las relaciones, a los principios y acciones y cómo deben regirse las relaciones e interacciones entre dos personas. La búsqueda entre las relaciones interpersonales es crear un rapport para que haya una mejor conexión, se usa en muchos ámbitos, incluso en el campo médico se usa en pacientes y médicos, de este modo los mismos pueden llegar más allá en las diversas etiologías.

Es una técnica que es muy eficaz en la intervención de los pacientes, aunque esta puede aplicarse también en cualquier contexto en el cual exista una tarea que puede llevarse a cabo por dos personas que necesiten llegar a un buen grado de compenetración y así conseguirlo. Se puede decir que, en todo tipo de interacción, desde lo laboral, familiar, en las amistades, hasta en transacciones como compra y venta.

El Rapport se puede entender como la dinámica de relaciones, con algo que es situado en un espacio concreto o como una técnica que aplica a un terapeuta o a una persona en especial. Con esto quiero decir que forma parte del repertorio profesional pero que puedes usarlo cómodamente en tu vida diaria.

Estos son los componentes del Rapport

Donde haya un buen rapport hay pilares importantes que se asientan en la coordinación, lo reciproco y la búsqueda de lugares comunes.

Por eso te voy a presentar algunos de los componentes más importantes de lo que se conoce como Rapport, de esa manera tendrás una mejor perspectiva al respecto, y mejores herramientas y conocimientos para poner en práctica esta técnica con la que podrás lograr el éxito en todas tus relaciones interpersonales, en todos los niveles de interacción.

Coordinación

La coordinación es la adaptación al ritmo de la otra persona de manera gestual captando el lenguaje no verbal y replicándolo de modo similar, de manera oral con el tono de voz y el ritmo del habla de otra persona. Asimismo, de manera emocional reflejando uno mismo ese estado de emoción que tiene la otra persona para poder empatizar y crear ese rapport.

Reciprocidad

Al mostrar reciprocidad se encuentran maneras de corresponder los aportes de la otra persona. Sea con acciones o con oraciones. Esto de manera clásica es una consulta psicológica y una reciprocidad que se plasma a través de la escucha activa. Es así como una persona, aunque pueda estar callada o más callada que la otra parte, muestra señales de que escucha y está en sintonía y reacciona a lo que dice.

Este es un componente del rapport que varía según la naturaleza del trabajo que se lleve a cabo.

Lugares comunes

Con lugares comunes se hace referencia a un factor que genera la necesidad de centrar el foco de los mensajes en esas acciones y temas que puedan ser importantes para quienes participan. Esto es algo en lo que terminamos sin que nos demos cuenta. Cuando se tantean los gustos y las aficiones de una persona que recién conocemos y terminamos hablando de algo que es muy sencillo de hablar.

Cuando lo hacemos adrede, siempre es con el objetivo de crear un enlace con esa persona y llegar a esos puntos que se quieren tratar.

Esto deja como resultado la creación de la empatía y permite de igual forma que la comunicación que sea clara y se incremente la confianza.

Crear Rapport

Estas son algunas de las maneras en las que se puede crear Rapport terapéutico, para ello necesitas:

• Ser consciente de la importancia que tiene la primera impresión con una persona.

La mayoría de las personas profesionales cuyo desempeño depende en gran parte de la capacidad para crear un buen Rapport, ponen juego su presentación adecuada, es de este modo que desde el principio se crea un marco de relaciones que se basa en la confianza, que hace que esa persona se sienta protagónica de una manera como no lo esperaba.

Un simple apretón de manos es suficiente para que puedas hacer que las cosas sean más cercanas entre las partes. Los pequeños gestos hacen la diferencia.

- **Matrimonio entre el lenguaje no verbal y el verbal**

La manera más efectiva para establecer el Rapport es que se reduzcan las posibles distorsiones en la interpretación de lo que expresa el otro. Es por ello que se destaca la importancia de expresarse de manera limpia, sin contradicciones en los que se dice y hace.

Por ejemplo, debes tener en cuenta que en el momento que estás hablando con alguien, y esta comienza a participar en el diálogo, y te cuenta algo, pero tú mantienes los brazos cruzados, estás poniendo en riesgo la conversación, pues esa postura puede llegar a deteriorar la interacción en ese momento ya que equivale a poner un muro, y hace que el otro perciba que no hay una cercanía, con los brazos estás cerrando la posibilidad de un rapport efectivo.

- **Formular información sin ambigüedades**

Esta es una de las maneras en la que se puede trabajar de manera correcta en la comunicación verbal. La clave es que se trabaje con un lenguaje accesible y claro, sin que queden espacio que den pie a doble sentido ni frases inacabadas. De este modo se puede desentrañar el significado de lo que se dice que ya de por sí podría crear un rechazo.

- **Poner a prueba la calidad del rapport**

Debes poner a prueba tu ejecución del rapport, de esa forma podrás evaluar si tu forma de interactuar y si la interacción misma está siendo eficaz. Lo puedes hacer aplicando una postura distinta a la de la otra persona y modificando el ritmo del habla para ver así observar si tu iniciativa es imitada. Cuando la persona se adapta a los cambios el rapport es un éxito.

- **Autocrítica frecuente**

Hacer la autocrítica es una manera de autoevaluarse para descubrir las dinámicas que funcionan y las que no a la hora de crear un buen rapport con otra persona.

La calidad del Rapport mejora a medida que se pulen esos pequeños detalles de la alianza entre dos personas, esto ocurre gracias al estudio de las interacciones.

Sistemas Representacionales

Desde la perspectiva de la programación neurolingüística, hay tres maneras de percibir el mundo, una es la visual, la otra es la kinestésica y por último la auditiva.

Desde antes de nuestro nacimiento ya estamos percibiendo el mundo a través de los sentidos y a esta edad que tenemos aún lo hacemos y seguimos aprendiendo a través de todos los sentidos.

Hay muchas maneras de ver el mundo y es por medio de los sistemas representacionales.

Cada quien tiene una manera especial y específica de captar lo que nos rodea, cuando tenemos los sentidos para captar el mundo, entonces podemos hacerlo, aunque te cuento que siempre uno de los sentidos es mejor que los demás, esto se debe a que se desarrolla de un modo más eficaz.

Algunos prefieren de manera inconsciente usar el visual, se fijan en esos detalles visuales y recuerdan más lo que ven y no solo los recuerdos, también hablan de ellos en términos visuales, los auditivos lo hacen de igual manera, se fijan en esos detalles auditivos en los que la gente dice y recuerda el lenguaje influido por los términos auditivos.

Los kinestésicos por su parte, hacen más uso de los sentidos como el tacto, el olfato y el gusto. Registran las experiencias con los matices de la kinestesia y así lo recuerdan mejor.

Vamos a ver con detalles cómo se puede reconocer a una persona visual, una persona con alta energía que siempre anda haciendo algo. Este tipo de persona asimila la imagen como lo más importante, por tanto, anda bien arreglada, y se inclina por mostrarse bien ordenada en todo, incluso su personalidad está orientada por principios, rutinas y hasta tabúes que respeta, en sus áreas como oficinas, casa y todos los espacios, son personas que hablan de prisa.

A los visuales no solamente los puedes reconocer por el arreglo personal, sino que también reconocen porque dicen frases como *a simple vista… ya veremos…*

Los auditivos sin personas que tienen un nivel de energía que es más tranquilo, son más sedentarios y su vestimenta es conservadora, no llaman la atención, el discurso para ellos es importante y se cuidan mucho de lo que dicen, les gusta leer para tener un buen manejo del lenguaje oral.

A estos los acompaña en términos lingüísticos auditivos como por ejemplo *inaudito… palabra por palabra… llamar la atención.*

Los kinestésicos son personas más relajadas, se les reconoce por el modo de vestir que es más cómodo, la moda no es lo suyo y su energía es más tranquila, hablan sin prisas y buscan la comodidad, le gustan los deportes y la buena comida y son personas sensibles.

Los kinestésicos usan expresiones sensoriales como *es un bálsamo para mi espíritu… camisa de once varas… es un martirio*

Por lo tanto, frente a una experiencia como viajar, celebrar o una reunión cada persona tiene un sistema representacional dominante que califica para el evento en forma muy distinta.

Tienes que darte cuenta que cada persona tiene razón en lo que dice, es *su razón*, es como capta las cosas. De esta manera no se puede criticar al otro por no ver lo que ves y por no escuchar lo que no escuchas o sientes, no es un defecto, sino que cada uno filtra las cosas y clasifica la información a su manera. Recuerda, los filtros y mapas.

Se tiene que aclarar que una persona al cien por ciento visual, auditiva o kinestésica se raya en la neurosis y lo saludable es que se esté en equilibrio con los sistemas y se usen todos.

En internet puedes conseguir test para que veas cuál es el sistema que dominas y así puedas saber en cuál eres más débil y empezar a fortalecerlo.

Ningún sistema es mejor que otro, solo son diferentes, cuando te das cuenta de las diferencias permites que se sea más comprensivo y flexible en las relaciones con otros.

Comprenderlo es una manera eficaz de tener una mejor interacción con los demás ya sea que lo hagas de manera profesional o personal.

Sistema representativo visual

Quiero profundizar un poco más en cada uno de los sistemas:

Comencemos con el visual de esta manera:

Seguramente has tenido una discusión en algún momento de tu vida, vamos a imaginar que lo tienes con tu pareja o con alguien similar.

- ¿Qué tal me veo? ¿Te gusta?
- Sí, te ves bien.
- ¿No ves que traigo algo nuevo?
- No. ¿Te cortaste el pelo o tienes una blusa nueva? No veo nada distinto, la verdad.
- ¡Siempre es lo mismo! Nunca notas cuando me compro algo o tengo algo diferente, ¡No te fijas en nada!
- Te veo igual que siempre.
- Me he puesto anteojos.

También aplican frases como "No veo lo que me cuentas, siento que va a pasar algo malo, nunca me dices que me quieres, solo me quieres tocar, oigo posibles rumores de despidos, no le veo solución a esto.

Son ejemplo de las situaciones diarias que hemos vivido o sufrido y que vivimos en la actualidad. Con el sistema de representación de esa persona, la comunicación y las consecuencias son de otra manera.

Los sistemas de representación son las diversas formas que tenemos para percibir la realidad, que podemos transformar desde los sentidos que tenemos, la vista, el gusto el oído el olfato y el tacto.

Cuando pensamos, lo hacemos siguiendo pautas que pueden ser kinestésicas, auditivas o visuales. Las personas pensamos en imágenes, sensaciones y sonidos. Incluso en la representación kinestésica.

Lo ideal es que se puedan tener los tres, que se haga un equilibrio, pero en todos nosotros predomina más que en otros, al igual que cuando se recibe la información, la entendemos mejor su la recibimos de una manera que de otra.

Durante la formación que tenemos es mejor tener en consideración la predilección que tenemos en materias. La razón para explicar lo que coincide con nuestro sistema representativo.

El saber el sistema de representación de una persona tiene unos beneficios que son increíbles y nos ayudan a saber cómo se entiende mejor la lección en la escuela, ayuda en la universidad y te salvan de no acabar durmiendo en el sofá porque no viste que se pintó el cabello tu pareja.

Te detallaré cada característica de cada representación, esta vez de forma más específica, para que puedas comprenderlo, pues es uno de los aspectos más importantes para aprender a descifrarte y descifrar a los demás:

Visuales

Son personas que se guían por lo que ven, son esas personas que necesitan ver lo que tienen para poderles prestar atención. Dicen frases como *mira… mira quiero que me des el enfoque tienes acerca de este punto…* personas que hablan alto y acelerados, aprenden y memorizan las cosas de manera visual a través de imágenes, son capaces de pensar en varios temas a la vez. Y regresan de nuevo al primero.

Ver, imagen, punto de vista, a vista de águila, aclararse, encenderse, bombilla, ojeada.

Auditivos

Son personas que necesitan coletillas mientras están hablando *ahamm…. Mmm* cuando oyen a otras personas hablando, meten en la conversación estas coletillas y otras tales como *me suena… óyeme… me hizo click al oírte decir eso…* Todas esas palabras que se relacionan con lo auditivo.

Son personas que no pasan a una idea nueva y no han acabado con la anterior y aprenden mediante la memorización de los procedimientos y utilizan este vocabulario y palabras como *sintonía, armonía, deletrear, discurso, mutismo, música para mis oídos…*

Kinestesia

Son personas que necesitan contacto físico. Son aquellas que nos ven y nos dan una palmada en la espalda y nos preguntan *cómo estás… ¿se sienten atendidos?... me siento de tal manera… me huele mal esto…*

Dentro del lenguaje dicen:

Rápido, lento, amargo, espeso, dulce, empujón, insensible, viento en popa, abrazar, sabor de boca, estar en contacto, presión…".

Cuando sabes el sistema de representación de esa persona o de las personas alrededor intenta:

- Adaptarte al canal que use esa persona para que la información fluya mejor.
- Cuando quieres emprender una actividad con esa persona, usa un sistema adecuado a la actividad, si quieres elegir una colonia para regalo o si quieres ir a oler perfumes variados.
- Cuando no usas un sistema en concreto tienes una buena oportunidad de guiarlo a dicho sistema, ya que este puede abrirte puertas para soluciones de problemas que no habías para usarlos en dicho sistema.

A partir de ahora mi consejo es que antes de que tengas un problema por no saber realizar una comunicación efectiva, averigües el sistema de representación que tienes, así evitarás muchos inconvenientes.

El Metamodelo: Modelo de precisión del lenguaje

El principio básico en el que se sustenta este metamodelo es el en *el mapa no es el territorio*. Una presuposición muy valiosa que nos dice el modelo que creamos del mundo, un modelo que corresponde a la realidad del mundo. Es un modelo que corresponde a una representación particular y parcial que cada uno de nosotros hacemos de dicha realidad. El metamodelo es el primer modelo que desarrolló Richard Bandler y John Grinder. Los creadores de la PNL y que fue publicado en el libro *La estructura de la magia.*

El objetivo de este metamodelo es hacer consciente las limitaciones del mapa mental mediante el metamodelo donde una persona expande y explora y revisa el mapa mental. En esto detecta las incongruencias y las limitaciones o defectos. Para que de esta forma pueda tener un comportamiento más efectivo y congruente y saludable.

Con el metamodelo se puede recuperar la información que no se verbaliza en la comunicación y que seguramente se oculta para la persona.

Formas de clasificación del metamodelo

Lo hace basándose en 12 patrones de la comunicación que se divide en categorías:

- Omisiones: la persona elimina cierta información. La olvida o más que olvidarla la considera poco relevante.
- Distorsiones: la persona cambia datos y añade su propia interpretación de los mismos o no los recuerda con exactitud.

- Generalización: la persona universaliza aspectos que son particulares de su experiencia y generaliza elementos de su modelo de realidad.

El metamodelo está compuesto por doce patrones que se agrupan en las tres categorías que acabo de enseñarte, ahora vamos a analizar cada una de estas y el objetivo del metamodelo y te mostraré algunos ejemplos que puedes conocer y explorar mejor.

Omisiones

Falta de un índice referencial:

Situación: No se identifica al sujeto que está activo en la acción, o sea se elimina quién o qué cosa se concreta en la acción.

Objetivo: Concretar quién o qué realiza la acción.

Ejemplos:

La gente dice que no es posible hacer esto

¿A quién te estás refiriendo específicamente?

¿Qué persona en específico dice que no es posible?

Ellos no lo van a conseguir

¿Quiénes son ellos?

Me arruinaron la vida

¿Qué persona concretamente te arruinó la vida?

Es sumamente difícil

¿Qué es concretamente difícil?

Verbo inespecífico

Situación: No se detalla en qué consiste la acción.

Objetivo: Definir la acción claramente

Ejemplos:

No me gusta cuando me mira así

¿De qué manera te mira?

¿Qué no te gusta cuando te mira?

Su actitud me molesta

¿Qué es lo que te molesta concretamente?

¿Qué actitud concretamente te causa molestia?

Tengo enfado

¿Qué te enfada concretamente?

No soporto a los sabelotodo

¿Qué es lo que no aguantas?

Omisión simple

Situación: se omite información importante en la oración.

Objetivo: conseguir esa información que falta.

Ejemplos:

Ando amargado

¿Qué es lo que te amarga concretamente?

No puedo hacerlo

¿Qué es lo que no puedo hacer de manera concreta?

No me aceptan

¿Qué es lo que sientes que no aceptan de tu persona?

Omisión comparativa

Situación: se hace una comparación, pero no se específica con quién o qué se compara.

Objetivo: Determinar el criterio de la comparación.

Ejemplo:

El rojo es mejor

¿Cuándo lo comparas con qué?

Soy lo peor

¿Comparado con quién?

Es mejor así.

¿Es mejor en relación a qué?

Es lo más difícil

¿Comparado con qué?

¿Qué otras opciones hay?

Normalización

Situación: usar palabras abstractas que llevan a significados subjetivos.

Objetivo: transformar eso abstracto en algo concreto.

Ejemplo:

Quiero felicidad

¿Qué es felicidad para ti?

¿Me comunico fatal con mi pareja?

¿Qué es una buena comunicación?

El mundo es un desastre

¿Por qué lo consideras un desastre?

Los ideales están equivocados

¿Cuáles son esos ideales en concreto?

Lo más importante para mí en esta vida es lograr triunfar.

¿Qué es para ti la palabra triunfar?

Ejecución perdida, Juicios

Situación: se hacen juicios de valor que no se sabe realmente quién los hace.

Objetivo: determinar quién es el que los hace y las normas ocultas tras ese juicio.

Ejemplos:

Los hombres de verdad no lloran.

¿Quién lo dice? ¿En base a qué dices que no lloran?

Es evidente que tenemos que hacerlo de esta manera.

¿Quién dice que es evidente que se haga de esta manera?

¿Para quién es evidente?

Quien madruga coge agua limpia

¿Quién dice eso?

No por mucho madrugar amanece más rápido.

¿Quién dice eso en concreto?

Distorsiones

Lectura mental

Situación: se hace una afirmación basada en lo que se cree de otra persona.

Objetivo: conseguir la base del origen de esa información.

Ejemplos:

María me odia

¿Cómo sabes eso?

Es evidente qué es lo que le motiva

¿Cómo sabes lo que le motiva?

Causa efecto

Situación: Se relaciona con una causa externa con un efecto concreto en una persona.

Objetivo: encontrar la relación entre la causa y el efecto.

Ejemplos:

Con solo verlo me hierve la sangre

¿Qué te enfurece de esa persona?

Los corruptos me indignan

¿Qué es lo que te indigna en concreto de los corruptos?

Los días que están nublados me ponen triste.

¿Qué es lo que te pone triste en los días nublados?

Equivalencia compleja

Situación: Cuando relacionas experiencias distintas.

Objetivo: Verificar que la relación es correcta.

Ejemplos:

Es un antipático, nunca se fija en mí

¿Todas las personas que te miran son así?

¿Es decir, que si nunca te mira una persona es antipática?

Me engaña, por eso me trajo estos bombones

¿Si alguien le da bombones a otra persona es porque la engaña?

No me saludó, antipático ese

¿En concreto, en qué situación no te ha saludado?

¿Puede por alguna razón serlo?

¿Hay una razón plausible para la que no te haya saludado?

Presuposición

Situación: Se propone que algo es real antes de que suceda.

Objetivo: Desafías esa presuposición

Ejemplos:

Lo entenderás cuando madures, apenas eres un niño.

¿Qué te hace creer que no he madurado?

Serás un infeliz

¿Qué te hace suponer que será un infeliz?

¿Prefieres hacerlo ahora o hacerlo luego?

¿Qué te hace pensar que prefiero hacerlo?

Generalizaciones

Cuantificadores Universales

Situación: basados en unos pocos ejemplos se generaliza, se usan siempre los todos, los nunca, los jamás, los nada.

Objetivo: cuestionar esa generalización.

Ejemplos:

Todo el mundo me odia

¿Todos te odian? ¿Sin excepción? ¿Entonces yo también te odio?

No sé hacer nada

¿De verdad? ¿Nada de nada?

Operadores modales

Situación: se dan formas, limitaciones del comportamiento que pueden ser de necesidad, como el debo, tengo que, necesito que, hay que... con posibilidades de no puedo, no es posible hacerlo.

Objetivo: buscar el origen de la forma o la limitación y las consecuencias del incumplimiento de la misma e identificar el origen de ese impedimento.

Ejemplos:

Necesito ropa nueva

¿Por qué necesitas ropa nueva? Si no la compras ¿Qué pasaría?

Tengo que gustarle a María

¿Qué pasa en caso de que no llegues a gustarle?

¿Qué es lo que te obliga a gustarle?

No puedo ir solo a ese lugar

¿Qué sucede si vas solo?

¿Qué te impide ir solo?

No puedo relajarme nunca

¿En qué circunstancias podrías relajarte?

¿Qué impide que puedas relajarte?

¿Cuándo utilizar el metamodelo?

Lo podemos usar en cualquier momento que tengamos que hacerlo.

Ya sea que lo usemos con las personas que sean, tenemos que tener en cuenta el poder que tiene y darle prioridad a la otra persona. Usarlo solo cuando se tenga claro el objetivo y con el respeto a la otra persona siempre.

Mi consejo es que permanentemente profundices en la PNL y en el metamodelo, para que cada día te sientas más interesado y con mayor sabiduría en este tipo de programación.

Generalización

La lingüística es importantísima para poder comprender y obtener información de calidad. Es clave que se comprenda el concepto de canalizar desde la programación neurolingüística.

Esta puede definirse como su palabra lo indica, como generalizar. Es el proceso cognoscitivo por medio del cual se parte de la experiencia interna de una persona, que se separa de la experiencia original para que pueda convertirse en una experiencia distinta.

Generalizar es útil en muchos casos, por ejemplo, cuando es con niños, cuando se queman los dedos al tocar una taza o la cocina o la plancha encendida. Ahí generalizamos al decir que todas las planchas queman o que no hay que tocar la estufa cuando está encendida.

En otros casos la generalización se puede limitar de una manera contraproducente. Cuando se tiene una experiencia desagradable, un ejemplo puede ser una relación de pareja donde se diga que *todos los hombres son iguales / las mujeres pelean todo el tiempo.*

Todos son aspectos que se relacionan con el lenguaje y se estudian en la PNL porque con el pensamiento se colocan diálogos internos que usa el lenguaje.

Si quieres detectar las generalizaciones tienes que prestar atención a los diálogos internos que te mantienen en la vida cotidiana.

Además, debes aprovecha el gran laboratorio que es la vida, observarlo y escuchar lo que le dices a los demás y a ti mismo. Esto es una fuente de información ilimitada que ayudará a que aprendas y mejores para que puedas alcanzar una vida llena de mucha excelencia.

Cuando generalizas estás en el típico caso de *meterlos a todos en el mismo costal* o como cuando se dice de *todos los encargados de edificios son unos charlatanes* y muchísimas más de esas frases preconstruidas que forman parte de nuestro dialecto diario.

Es una visión de las cosas que nos limitan, que dejan la información que es realmente valiosa de lado y una experiencia primaria de algo que vivimos y experimentamos y nos deja en un estado de emoción y un estado interno especial.

Cuando se generaliza de manera fácil, se cae en la repetición y se forjan creencias que son cada vez más fuertes y van así hasta que se convierten en convicciones que limitan.

Omisión

La omisión es el proceso por medio del cual eliminamos la información que no nos parece relevante, la que nos pasa desapercibida y no se adapta a nuestro sistema de creencias.

Esto ocurre por ejemplo en un discurso que se tiende a darle obviedad a una información que es irrelevante, aunque pueda no serlo para los que nos oyen.

Distorsión

La distorsión es la representación diferente de la realidad con lo que respecta a lo percibido por medio de los sentidos. Es cuando se cambian los datos y añadimos nuestra propia interpretación o no los recordamos en detalle.

Un ejemplo de esto es cuando una persona luego de no atender una llamada, afirma que como no le han contestado es porque no les importa. Es una distorsión de la realidad, que se fundamenta en el mapa de esta persona, para quien no existen inconvenientes ni otras opciones, sino que sencillamente no recibir respuesta a su llamada es sinónimo inmediatamente de desinterés.

Las distorsiones en el lenguaje, hacen parte del metamodelo y en muchos casos coincide con las distorsiones cognitivas que se estudian dentro de la psicología. La gran ventaja que tiene el metamodelo de la PNL es que facilita las pautas para tratarlas.

Dentro de la psicología cognitiva conductual, las distorsiones son esquemas equivocados para la interpretación de los hechos que causan efectos negativos, es decir, son alteraciones de las emociones que dejan como consecuencia creencias perjudiciales y pensamientos negativos, de igual forma, estas alteraciones pueden llegar a dejar conflictos en las relaciones con las demás personas y maneras de ver la vida de una manera negativa y muy simple.

Dentro del modelo del lenguaje se habla de la distorsión cuando la persona simplifica o hace fantasías sobre lo que es posible o lo que habría sucedido.

Hay cuatro modelos de distorsión en el metamodelo:

- Lectura mental
- Causa-efecto
- Equivalencia compleja
- Presuposiciones

Dentro de lo que es lectura mental, las distorsiones pueden ser:

- Pensar que la ausencia de efusividad significa que hay algo que está mal
- Asumir pensamientos actuales que van a continuar de la misma forma en el futuro
- Etiquetas cognitivas
- Usar los sentimientos como base de un juicio, cuando la evidencia objetiva no indica lo mismo.

- Se afirma algo que se presupone o se conoce como la experiencia interna de alguien.
- Decir que no te quiere o que tiene intereses ocultos.
- El objetivo del metamodelo es que se encuentre el origen de la información y un criterio seguido.
- Tal como te enseñé anteriormente hay que saber el origen de la información y sacarle preguntas donde cuestiones esas ideas que pasan por tu cabeza, preguntarte por qué razón no podría quererte o tener intereses ocultos.

La causa-efecto responde de esta manera:

- Relaciona el estímulo con una respuesta que hace que, genera, provoca, causa, me pone.
- Un ejemplo de esto es decir *me molesta cuando me miras*

Por tanto, recuerda que tienes que buscar dentro del metamodelo la relación entre el estímulo y la respuesta.

No olvides preguntarte lo que en realidad te molesta de este punto en específico.

Equivalencia compleja se manifiesta de esta manera:

- Es cuando se les da el mismo significado a dos experiencias distintas.
- Uno de estos puede ser *no me ha llamado, no le gusto.*
- Recuerda que tienes que aplicar el metamodelo para comprobar que en realidad esa es la razón.
- Recuerda hacerte las preguntas en específico que hace que esto resulte en verdad, que no le gustes, que no le atraigas y los significados de por qué no le gustas.

Las presuposiciones se manifiestan así:

- Es cuando se da por hecho un mensaje implícito, como cuando se afirma que alguien será muy feliz.
- Allí es donde con el metamodelo desafiamos la creencia.
- No olvidar las preguntas del por qué hay esa felicidad.

Como pudiste leer a lo largo del libro, conocer el funcionamiento de todos los patrones, su actuación, lo que estos revelan, lo que nos responden de acuerdo a los objetivos y lo que utiliza, hace que sea más fácil tener una comunicación de la realidad y comprender mejor las conductas.

EPILOGO

¿Cómo saliste de esta experiencia de inicio en el mundo de la programación neurolingüística?

¿Tuviste la oportunidad de aprender algo nuevo? Procuré que página a página comprendieras en profundidad todo el conocimiento que se almacena en el mundo de la PNL.

Por eso es que preparé este temario llevándote de la mano desde la primera página hablándote de la historia. Todo mundo habla de la PNL con una soltura y diciendo *le aplique PNL a Fulano para que cediera* y cosas similares, pero nadie se había puesto a analizar de dónde provenía esta corriente y su rica historia junto a la historia de estos tres hombres que la ayudaron a sacar adelante, aunque oficialmente figuren dos.

Luego de la historia te llevé de la mano a través del significado de PNL. No olvides que los principios de la PNL son los mapas mentales que creamos de nuestra realidad y que no es lo mismo que el territorio, un error que es muy común en quienes apenas comienzan en la programación neurolingüística.

Cada día, cuando salgas al mundo, no importa que fracases en el cómo lo hiciste, recuerda que más que una equivocación, es un resultado distinto al que querías lograr, y ha dejado un aprendizaje que puedes aprovechar para continuar creciendo y acercándote a todo lo que quieres lograr, a los resultados positivos.

Cada persona tiene un comportamiento en su entorno y actúa según sus patrones, mapas, según sus metamodelos y otros aspectos que ya se han desarrollado en el libro, de hecho, tú también debes hacerte consciente del origen o los orígenes de tus comportamientos, porque cada uno de nosotros tiene una manera de reaccionar de acuerdo a la programación neurolingüística que poseamos y de allí quedan unos resultados finales.

No olvides que todos estamos compuestos de partes y es por eso que cada quien tiene una manera de ser y actuar.

La PNL se apoya en la comunicación, así como todas las relaciones humanas y de los seres vivos, pero en especial de los humanos, la única manera de conectar es por medio de la comunicación y es en esta donde la PNL apoya, cada uno con su mapa mental que hace que vea las cosas desde su propio cristal y es por eso que, aunque se vean cosas similares los pensamientos jamás serán iguales.

La comunicación se da a través de canales que son conscientes e inconscientes y el sentido de la comunicación es la respuesta que se obtiene de las personas con las que interactuamos.

Dentro de los principios de la PNL no olvides que si otra persona puede hacer algo tú también puedes. Porque cada uno de nosotros tenemos el don para lograr hacer lo que nos propongamos.

Cada vez que aprendemos algo nuevo se nos muestra una tendencia para convertirlo en algo que ya conocemos, es parte de la PNL.

Los mapas mentales son clave en la PNL. Así como los pensamientos, y todo el poder que ellos poseen, los estados internos y algo muy importante que te invito a poner en práctica: el Rapport, la técnica con la que podrás hacer que las comunicaciones sean más efectivas y puedas conectar con los demás de manera espontánea, logrando una sinergia entre todos.

Finalmente, te felicito por haber llegado hasta el final de este libro e indicarte que este es el comienzo de superación personal y no te permitas quedarte solo con lo leído toma conciencia y ten en cuenta que los resultados que deseas comienzan con la ACCIÓN.

Mientras estés en estas líneas, déjame contarte que tengo publicado otro libro de PNL AVANZADO, donde podrás aprender a reprogramarte completamente, ser una persona efectiva y aprender más técnicas sofisticadas que te acompañen en tu camino hacia el éxito.

¿Estás listo para el próximo paso en la programación neurolingüística?

33609574R00079